Sea of Japan
Yellow Sea
East China Sea
South China Sea
Philippine Sea
Sulu Sea
Celebes Sea
Molucca Sea
Ceram Sea
Banda Sea
Java Sea
Timor Sea
Arafura Sea
G. of Tonking
G. of Thailand
Gulf of Martaban
Str. of Malacca
Formosa Str.
Str. of Makassar
NGHUA RENMIN GONGHEGUO
(CHINA)
DAEHAN MINGUK
(SOUTH KOREA)
NGANDAW
(BURMA)
MUANG THAI
(THAILAND)
KAMPUCHEA
(CAMBODIA)
VIETNAM
MALAYSIA
West Malaysia
East Malaysia
(Sarawak)
(Sabah)
PILIPINAS
INDONESIA
TAIWAN
Borneo
(Kalimantan)
Sumatera
Hainan Dao
Luzón
Mindoro
Samar
Panay
Negros
Palawan
Mindanao
Sulawesi
(Celebes)
Timor
Nansei-Shotō
(Ryukyu Is.)
(Jap.)
Xishaqundao
(Paracel Is.)
(China)
Babuyan Is.
Sulu Arch.
Palau Is.
Qilian Shan
Lanzhou
Xi'an
Chengdu
Chongqing
(Ch'ungch'ing)
Kunming
Guiyang
(Kueiyang)
Wuhan
Nanjing
Shanghai
Hangzhou
Zhengzhou
Jinan
(Chinan)
Qingdao
(Tsingtao)
Tianjin
(Tientsin)
Taiyuan
(T'aiyüan)
Shijiazhuang
Lüda
Changsha
(Ch'angsha)
Nanchang
Fuzhou
(Fuchou)
Guangzhou
(Canton)
Nanning
Hong Kong
(U.K.)
Victoria
Kowloon
Macau
(Port.)
Taibei (T'aipei)
Gaoxiong
(Kaohsiung)
Sŏul
Taegu
Kōbe
Kyōto
Naha
Hanoi
Haiphong
Vientiane
Hue
Da Nang
Ho-Chi-Minh-Ville
(Saigon)
Phnom Penh
Bangkok
(Krung Thep)
Rangoon
Mandalay
Kuala Lumpur
Singapore
Medan
Palembang
Jakarta
Bandung
Semarang
Surabaya
Pontianak
Kuching
Brunei (U.K.)
Bandar Seri Begawan
Kota Kinabalu
Balikpapan
Samarinda
Banjarmasin
Ujung Pandang
(Makassar)
Manila
Cebu
Davao
Zamboanga
Manado
Ambon
Kupang
Christmas I.
(Austr.)
100°
120°
20°
0°

Thailand

Thailand

Albert Leemann

Kümmerly + Frey

Fotonachweis:
Albert Leemann, Männedorf/Schweiz, mit Ausnahme der folgenden:
Nr. 1 = Bildarchiv Tony Stone Associates, London;
Nr. 10, 16, 22, 31, 37, 43, 59 = Hilmar Pabel, Umratshausen, BRD

1982, 3., verbesserte Auflage

Lizenzausgabe für die BRD:
Novoteam, Verlags-Service GmbH, Ostfildern/Stuttgart
Gesamtherstellung: Kümmerly + Frey, Bern

ISBN 3-259-**08641**-2 Gedruckt in der Schweiz

Inhalt

Einführung

Thailand liegt auf der Indochinesischen Halbinsel im Herzen Südostasiens. Im Westen und Nordwesten wird das Land durch Burma, im Nordosten und Osten durch Laos und Kambodscha und im Süden durch Malaysia begrenzt. Die Malakka-Halbinsel liegt zwischen der Andamanen-See im Westen und dem Golf von Thailand im Osten. Das Land erstreckt sich von 5° 40′ bis 20° 30′ nördlicher Breite und von 97° 30′ bis 105° 45′ östlicher Länge. Seine Fläche von 514 000 km^2 läßt sich mit derjenigen Frankreichs vergleichen. Die Umrisse Thailands ähneln der Form eines Elefantenkopfes. Das Khorat-Plateau soll den Kopf des Tieres darstellen, dem der Norden als Krone auf dem Haupt sitzt. Der Golf von Thailand und der Südosten bilden Maul und Lippen; die südliche Halbinsel ist sein Rüssel. Mancherorts sind die Grenzen durch die Natur klar vorgezeichnet. Vier Flüsse – der Salween, der Mae Nam Sai, der Mae Nam Moei und der Mae Nam Kra Buri – bilden die Grenze gegen Burma, während im Süden der Kamm der Tenasserim-Kette das thailändische Gebiet von demjenigen seines westlichen Nachbarn trennt. Im Osten bilden zwei Abschnitte des Mekong-Mittellaufes die Trennlinie zwischen Thailand und Laos. Das Tiefland von Kambodscha wird durch die Gebirge Dong Rak und Banthat vom Khorat-Plateau geschieden, und die Gebirgsketten von San Kara Khiri und der Sungai Kolok bilden die südliche Grenze zwischen Malaysia und Thailand. Zahlreiche Inseln im Golf von Thailand und vor der Andamanen-Küste werden von Fischern bewohnt.

Die größte Entfernung zwischen dem nördlichsten und dem südlichsten Punkt des Landes beträgt in der Luftlinie 1650 km, die größte Breite mißt 770 km; der Isthmus von Kra hingegen, der den Indischen Ozean vom Pazifik trennt, ist nur 24 km breit. Seit langem liegen Pläne für ei-

nen Durchstich an dieser Stelle vor. Der Seeweg um die Malakka-Halbinsel könnte dadurch wesentlich verkürzt werden.
Thailand wird in neun Großregionen, die sogenannten Phark, gegliedert, die in 72 Provinzen, die Changwad, eingeteilt sind. Jeder Changwad wird in nächstkleinere administrative Einheiten, die Amphoen, unterteilt. Diese setzen sich zusammen aus den Thambon, die etwa unseren Gemeinden entsprechen. Die Thambon können aus verschiedenen Muban (Dörfern) gebildet werden. Bangkoks Flughafen Don Muang, eine Drehscheibe für den interkontinentalen Flugverkehr, erfreut sich wachsender Bedeutung. Er liegt in der zentralen Schwemmlandebene. Die Wetterbedingungen gewähren praktisch während des ganzen Jahres einen sicheren Flugbetrieb. Der Hafen von Bangkok befindet sich nahe der Einmündung des Mae Nam Chao Phraya in den Golf von Thailand und damit über 1000 km abseits der internationalen Schiffahrtslinien. Um den großen Umweg zu vermeiden, laufen die Frachter, die zwischen Asien und Europa verkehren, in vielen Fällen lieber das günstiger gelegene Singapur an. Als Umschlagplatz für Güter des Landes, wie Reis, Mais, Kautschuk, Zucker, Zinn und Teakholz, kommt dem Hafen von Bangkok dennoch relativ große Bedeutung zu.
1949 hat die Regierung den früheren Namen des Staates, Siam, in Prathet Thai – das heißt «Land der Freien» – abgeändert. Die Staatsgeschäfte des unabhängigen Königreiches werden entweder durch zivile Regierungen oder durch Militärs geführt. Kommunistische Guerillas versuchten seit 1945 mehrmals, von verschiedenen Grenzgebieten aus in Thailand einzudringen. Es gelang ihnen aber nie, die politische Macht an sich zu reißen. Obwohl mehrere Regierungen gestürzt wurden, erfreut sich Thailand doch einer gewissen politischen Stabilität.

1 Mythologische Riesen (Yak) im Wat Phra Keo, Bangkok. Die verzerrten, grimmigen Gesichtszüge kennzeichnen die beiden Figuren als Dämonen, welchen die Aufgabe zukommt, störenden Geistern den Zutritt zu den geweihten Räumen zu verwehren.

2 Der schwimmende Markt von Damnoern Saduak (Ratchaburi). Im Deltagebiet liegen die Dörfer oft an Kanälen und Flüssen. Jeden Morgen fahren Bäuerinnen mit ihren Paddelbooten auf den schwimmenden Markt, wo sie den Dorfbewohnern Früchte und Gemüse zum Verkauf anbieten.

3 Morgenbad der Elefanten im Mae-Nam-Ping-Fluß. Vor der Arbeitsaufnahme werden die Elefanten sorgfältig gebadet und geschrubbt. Dann legt man ihnen das Zaumzeug um, damit die Ketten die Haut des Tieres beim Ziehen nicht wund scheuern. Dann schwingt sich der leichtgewichtige Lenker auf das Tier, setzt sich ihm direkt hinter den Ohren auf den Kopf und erteilt von hier aus seine Befehle.

4 Arbeitselefant im Einsatz (Bezirk Chiang Dao). Mit kurzen Befehlen und mit Hilfe eines spitzigen Dolches kann der Dickhäuter erstaunlich präzis geführt werden. Unter lautem Trompeten schleppt der Elefant den schweren Stamm an die Sammelstelle. Dort lösen Waldarbeiter die Zugkette, worauf das Tier mit Rüssel und Stoßzähnen den Baumstamm sorgfältig auf den Holzstapel legt. Wenn die Elefanten geschickt geführt werden, sind sie sogar fähig, entgleiste Loren (Rollwagen) wieder auf die Schienen zu heben. An vielen Orten wird allerdings der Arbeitselefant immer häufiger durch Maschinen ersetzt.

5 Junge Teak-Bäume in Nordthailand. Nordthailand ist das Land des Teakholzes. Die schlanken Bäume mit ihren großen, ovalen Blättern werden bei einem Stammdurchmesser von 60 cm geschlagen. Teak hat ähnliche Eigenschaften wie Eichenholz, übertrifft dieses aber noch an Festigkeit und Dauerhaftigkeit. Es wird vor allem im Schiffsbau und zur Herstellung von Möbeln gebraucht.

6 Teak-Floß auf dem Mae Nam Ping nördlich von Tak. Zwei Orte haben sich zu eigentlichen Flößzentren entwickelt, und zwar Tak, Sammelpunkt der Holzflöße von Mae Nam Ping und Mae Nam Wang, und Sawan Khalok für den Holztransport auf dem Mae Nam Yom. Die einzelnen Großflöße bestehen aus 150 bis 350 Stämmen, die – zu zehn bis zwölf nebeneinandergelegt – in Gruppen verbunden werden. Man koppelt sie mit Rattanseilen eng zusammen, jedoch so, daß das Großfloß beweglich und steuerbar bleibt. Auf jedem Floß stehen zwei Mannschaftsbaracken und ein Ausguckturm. Fünf geübte Männer lenken und kontrollieren das mächtige Floß, das mit der Strömung flußabwärts treibt. Auch in neuerer Zeit beträgt die Transportzeit für Teakholz aus dem Norden nach der Hauptstadt noch immer zwei bis drei Jahre.

7 Alte Dampflokomotive für den Abtransport von Teak-Stämmen bei Chalerm Larp (Hinterland von Si Racha, Südostthailand). Der Transport der Stämme zum Verarbeitungsort erfolgt mancherorts auf dem Landweg. Zum Einsatz gelangen dann schwere Lastwagen, Sattelschlepper oder Eisenbahnwagen, die von alten Dampflokomotiven gezogen werden.

8 Thaimädchen aus dem Slum der Kohlenträger. Auch Knaben und Mädchen helfen beim Umladen der Holzkohle. Trotz der harten Arbeit sind die Kinder aber nicht unglücklich, sondern meistens stolz auf ihren – wenn auch niedrigen – Tageslohn, der zum Unterhalt der Familie beiträgt. Sie lachen die neugierigen Ausländer an, die sich in das «untouristische» Revier verirrt haben, und freuen sich, fotografiert zu werden.

9 Bangkok: Umschlagplatz für Holzkohle. Qualitativ minderwertiges Holz wird zu Holzkohle verarbeitet, die auf Lastdschunken in die waldlosen Gebiete der zentralen Ebene transportiert wird. An einem Kanal Bangkoks in der Nähe des Mae Nam Chao Phraya wird das Brennmaterial durch arme Slumbewohner von den Schiffen in Lastwagen umgeladen und dann zu den verschiedenen Marktplätzen der Stadt gebracht. Für Absatz ist gesorgt, denn in den meisten Küchen der modernen Großstadt wird der Herd noch immer mit Holzkohle geheizt.

10 Meo-Frau in einem Mohnfeld bei Mae Sa Mai (Nordthailand). Die Kapseln des Schlafmohns enthalten eine milchige Flüssigkeit, aus der Opium gewonnen wird. Staatliche Maßnahmen und Hilfsprogramme für die Bauern haben sich positiv ausgewirkt, so daß viele Stammesangehörige, anstatt wie früher Mohn zu pflanzen, sich heute dem Anbau von Bergreis, Mais, Chili, Gemüsen und Früchten zuwenden.

11 Opiumrauchender Kare in Huoi Kung (zwischen Hot und Mae Sariang). Eine wichtige Einnahmequelle für die Stammesangehörigen der Karen war der Anbau von Schlafmohn und der Verkauf des daraus gewonnenen Opiums und Heroins. Trotz der Verbote geben sich viele Frauen und Männer dem Genuß von Rauschgift hin. Sie leben, nachdem sie es geraucht haben, in einer Traumwelt und sind außerstande, ihre Alltagspflichten zu erfüllen. Die burmesische Siedlung Tatschilek, die durch eine Brücke mit dem thailändischen Mae Sai verbunden ist, spielte eine wichtige Rolle im Welthandel mit Opium und Heroin. Den chinesischen Brüdern Hsing war es gelungen, die Opiumproduktion im Schan-Staat (Burma) unter ihre Kontrolle zu bringen. Eine Privatarmee der beiden Magnaten garantierte den sicheren Abtransport des Opiums nach Tatschilek, wo es gelagert und teilweise zu Heroin der Handelsmarke 999 verarbeitet wurde. Im Frühsommer 1973 ist der Hauptverantwortliche Lo Hsing-han von der thailändischen Grenzschutzpolizei verhaftet worden. Da aber im Drogenhandel riesige Geldsummen eingesetzt und gewonnen werden, ist es fraglich, ob durch die Verhaftung eines einzelnen der Handel mit Rauschgift unterbunden werden konnte.

12 Junger Lahu mit Opiumpfeife. In einem umständlichen Zeremoniell bereitet der Raucher das Rauschgift vor. Er wickelt das klebrige Opium um eine Stricknadel, nachdem er es zur Steigerung des Genusses mit Kopfwehpulver vermischt hat. Dann wird die Mischung über einer Petroleumflamme leicht angeschmolzen. Nun hält der Raucher den Saugkopf der langgestreckten Pfeife möglichst nahe an das glimmende Opium. Die Portion reicht für ungefähr 25 Züge, die voll inhaliert werden. Der Rauch wird durch die Nase ausgeatmet. Die Rauschgiftsüchtigen magern rasch ab, da Opiumrauchen den Appetit hemmt.

13 Karen-Mutter mit ihren Kindern bei der Ernte von Trockenreis. Die Karen bauen in der Nähe ihrer Dörfer auf Terrassen Reis an und pflanzen Obstbäume. Die langjährige Nutzung der Felder setzt ein genaues Planen voraus, da dieser Bergstamm auf Bodenregeneration achtet. Heute beginnt sich bei den Karen eine seßhafte Lebensweise abzuzeichnen, weil frei verfügbares Land immer rarer wird. Frauen verrichten die härtesten Arbeiten und führen ein sklavenähnliches Dasein.

14 Pfahlbau in dem Karen-Dorf Huoi Kung. Karen legen ihre Dörfer vorzugsweise in der Nähe von Bachläufen an. Sie errichten Pfahlbauten aus Hartholz und Bambus. Das Dach wird mit Palmwedeln oder mit Langgras gedeckt. Das Haus besteht aus einem einzigen Raum, der Schlaf-, Wohn-, Arbeits-, Eß- und Aufenthaltsraum in einem ist.

15 Stickende Yao-Frau in Chao Pha Kha (Bergland östlich von Mae Chan). Wenn die Yao-Frauen Zeit finden, arbeiten sie an ihren Seidenstickereien. Je schöner eine Frauenhose bestickt ist, desto geachteter ist die Schöpferin des Werkes. Viele Yao-Männer heiraten eine Frau nur dann, wenn sie die kunsthandwerkliche Fähigkeit besitzt, besonders gut sticken zu können.

ROTAX

3

6

7

8

9

13

14

Klima und Landschaftsgestaltung

Winde und Jahreszeiten

Thailand liegt im Bereich des Monsunklimas (musim, indonesisch = Jahreszeit). Tatsächlich ist es so, daß diese Winde, die im Laufe des Jahres ihre Richtung ändern, die Jahreszeiten bestimmen.

Die Zeit des Südwestmonsuns dauert von Juni bis September. Die starke Erhitzung der kontinentalen Luftmassen über dem asiatischen Festland führt zur Verlagerung der äquatorialen Tiefdruckrinne nach Norden. Der Südostpassat, der auf der Südhalbkugel weht, findet seine Auffangrinne auf der Nordhemisphäre, wird beim Überschreiten des Äquators durch die sogenannte Corioliskraft nach rechts abgelenkt und ändert deshalb seine Richtung; er wird zum Südwestwind. Der vom Golf von Bengalen her wehende *Sommermonsun* ist mit Feuchtigkeit gesättigt und entlädt seine Wassermassen vor allem an den Westflanken der in Nord-Süd-Richtung streichenden Gebirgszüge. Die Periode des Südwestmonsuns wird als Regenzeit bezeichnet.

Im Oktober geht der Südwestmonsun in den Nordostpassat über. Diese Zeitspanne kann als *erste Intermonsunzeit* bezeichnet werden. Von November bis Februar weht der Nordostpassat. Er stammt aus dem kontinental-kalten Roßbreitenhoch und führt kühle, trockene Luftmassen gegen die äquatoriale Tiefdruckrinne. Der Nordostpassat ist unter dem Namen *Wintermonsum* bekannt. Die *zweite Intermonsunzeit* leitet vom trockenen Nordostpassat zum feuchten Südwestmonsun über. Die stagnierende Luft erhitzt sich über der heißen Landmasse. Starke Kumulusbildungen und vereinzelte heftige Gewitter kennzeichnen die heiße Jahreszeit, die von März bis Mai dauert.

Die Jahreszeitengliederung der gemäßigten Breiten kann nicht auf die Monsunländer übertragen werden. Die Thailänder unterscheiden nur drei Jahreszeiten:

- die kühle Jahreszeit (November bis Februar)
- die heiße Jahreszeit (März bis Mitte Mai)
- die Regenzeit (Mitte Mai bis Oktober).

Niederschläge

Für den größten Teil des Landes entfallen die Niederschläge auf die Monate Mai bis Oktober. Die Trockenzeit dauert von November bis April. Die seltenen, aber äußerst heftigen Gewitter, die sich während der Trockenzeit aus drohenden, schwarzen Wolkentürmen entladen, spenden Niederschläge, die unter dem Begriff *Mangoschauer* bekannt sind.

Die Niederschläge werden durch das Relief und die Zugbahnen der Tiefdruckwirbel beeinflußt. Besonders regenreich sind die Westflanken der Gebirgszüge, an denen sich der Südwestmonsun staut. Die Ostflanken im Regenschatten sind weniger feucht. Ranong, auf der Westseite der Phuket-Kette gelegen, erhält beispielsweise eine jährliche Regenmenge von durchschnittlich 4772 mm, während der Badeort Hua Hin, nur 200 km von Ranong entfernt, aber im Lee liegend, lediglich 1007 mm Niederschläge aufweist. Die Niederschläge Zentralthailands entstammen Tiefdruckwirbeln, die rasch aufeinanderfolgen. Wenn die Zyklonalregen in den Monaten August und September nur spärlich fallen und die Einzugsgebiete des Mae Nam Ping und Mae Nam Nan nicht erreichen, ist die Überflutung der Schwemmlandebene nicht gesichert; Trockenheit gefährdet dann den Anbau von Reis. Da die zyklonalen Niederschläge unregelmäßig eintreten, ist der Regenfeldbau mit Risiken verbunden. Die künstliche Bewässerung ist deshalb für sichere Reisernten eine unabdingbare Voraussetzung.

Der Süden Thailands wird gelegentlich von Taifunausläufern aus dem Raum des Südchinesischen Meeres betroffen. Diese Wirbelwinde, verbunden mit sintflutartigen Niederschlägen, können schwere Schäden an den Baumkulturen verursachen. Eine Abweichung von der üblichen jahreszeitlichen Gliederung ist in der Umgebung der Stadt Songkhla festzustellen. Das Gebiet liegt auf der Malakka-Halbinsel im Osten der Nakhon-Si-Thammarat-Kette und empfängt die Hauptniederschläge zur Zeit des Wintermonsuns. Diese Tatsache kann leicht erklärt werden: Der Nordostpassat muß den Golf von Thailand überqueren, nimmt dabei viel Feuchtigkeit auf und gibt sie als Steigungsregen an den Osthängen des Gebirges ab. Die Niederschläge in diesem Küstenabschnitt sind über alle Monate verteilt. Wegen der hohen Niederschlagsmenge ist die Malakka-Halbinsel das einzige Gebiet Thailands mit tropischem Regenwaldklima. Südostthailand wird vom tropischen Monsunklima beeinflußt, während andere, trockenere Landesteile bereits savannenähnliche Züge aufweisen.

Der Temperaturverlauf

Die jahreszeitlichen Temperaturunterschiede sind im allgemeinen gering. Auf Meereshöhe gelegene Orte haben Durchschnittstemperaturen um 27° C, wobei die einzelnen Monatsmittel zwischen 24° und 30° C schwanken. Nordthailand und das Khorat-Plateau weisen einen kontinentaleren Temperaturverlauf auf. In Chiang Rai zum Beispiel, 60 km von der Nordgrenze Thailands entfernt, ist ein absolutes Minimum von nur + 3° C gemessen worden. Während der Zeit des Wintermonsuns fallen hier die Nachttemperaturen sehr tief; in den Bergen kann sogar Frost auftreten. Im Norden sind deshalb für diese Jahreszeit warme Winterkleider unentbehrlich.

Der April ist der wärmste Monat. Die maximalen Schattentemperaturen steigen zu dieser Zeit auf dem Khorat-Plateau und im Norden auf über 40° C. Die danach zunehmende Bewölkung und die Niederschläge, die im Mai einsetzen, bewirken eine Abkühlung, die von jedermann als angenehm empfunden wird. – Der Temperaturverlauf der Malakka-Halbinsel ist der Lage entsprechend ausgeprägt ozeanisch.

Luftfeuchtigkeit

Im trockenen Norden und im Nordosten Thailands schwankt die relative Luftfeuchtigkeit zwischen 65 und 75 Prozent. Die starken nächtlichen Abkühlungen während der Wintermonsunzeit verursachen in diesen Gegenden dichte Morgennebel, die vor allem in den intramontanen Kältebecken und in den Schluchten die Sicht behindern. Die Nebelbänke lösen sich jedoch infolge der gegen Mittag rasch ansteigenden Lufttemperatur bald auf.

Dank den gleichmäßig verteilten Niederschlägen hat Südthailand eine ausgeglichene relative Luftfeuchtigkeit um 80 Prozent. Die Verdunstungsmengen sind wegen des ozeanischen Temperaturverlaufs niedriger als in den kontinental beeinflußten Gegenden, in denen sie sich auf 1200 mm belaufen. Dem jahreszeitlichen Temperaturverlauf entsprechend erreicht die Verdunstung ihr Maximum im April, ihr Minimum im September. In den küstennahen Gebieten des Golfes von Thailand ist das hohe Sättigungsdefizit der Luft während der Trockenzeit erwünscht; hier leben viele Menschen von der Meersalzgewinnung sowie vom Trocknen – und somit vom Konservieren – von Fischen.

Die Landschaftsgliederung

Folgende Elemente bestimmen die Reliefgestaltung:
- Faltengebirge im Südosten des Himalaya und Fortsetzung der Plateaus von Tibet und Yünnan
- Anschwemmungsebenen, die durch zahlreiche mäandrierende Flüsse und Kanäle zerschnitten werden
- wellige Hügellandschaften
- Küstenzonen mit Mangrovensümpfen, Nehrungen und Haffen, zahlreichen Inseln und Halbinseln

Thailand kann in fünf Großlandschaften gegliedert werden:
- nördliche Faltengebirge und Plateaus (Nordthailand)
- zentrale Ebene
- Khorat-Plateau (Nordostthailand)
- Südostthailand
- thailändischer Anteil an der Malakka-Halbinsel (Südthailand)

Die nördlichen Gebirge und Plateaus

Lanna Thai (Nordthailand) liegt nördlich des 17. Breitengrades. Eine Serie von in Nord-Süd-Richtung streichenden Faltengebirgen prägt das Landschaftsbild. Ein westlicher Gebirgszug zieht weit südwärts über die Malakka-Halbinsel Richtung Indonesien. Die Gebirge bestehen zur Hauptsache aus den Ablagerungsgesteinen Kalk und Sandstein. Zahlreiche Verwerfungen beeinflussen die Tektonik. Tiefen Bruchsystemen entlang sind mächtige Magmamassen emporgedrungen. Die Gebirge Inthanon und Khun Tan sind Granitstöcke. In den Abschnitten auseinanderweichender Ketten bildeten sich fruchtbare Täler, die den Zuflüssen des größten Stromes, des Mae Nam Chao Phraya, als Leitlinien dienen. Provinzstädte wie Chiang Mai, Lampang, Phrae und Nan liegen in Becken, die von fruchtbarem Anschwemmungsmaterial überdeckt sind. Die mittlere Höhe der Berggipfel schwankt um 1600 m; Kulminationspunkt und höchste Erhebung Thailands ist das Granitmassiv des Doi Inthanon (2576 m), der 50 km südwestlich von Chiang Mai liegt. Die nördlichen Gebirge enden in den Provinzen Tak und Kanchanaburi. Die Höhenunterschiede sind beträchtlich. Das Becken von Chiang Mai zum Beispiel liegt lediglich auf 300 m, der markante Doi Suthep in der Nähe aber schon auf 1676 m Höhe. Prächtige Edelholzwälder bedecken die Bergfußregion, während die höchsten Erhebungen und die Steilhänge von Urwald überwachsen sind. In den oberen Hangzonen wurden stellenweise Teepflanzungen angelegt.

In den Grenzgebieten Thailands gegen Burma fließen die Flüsse oft in engen Schluchten, bevor sie den endgültigen Durchbruch in die weiten Becken finden. Die steilen Bergflanken zwingen im Sommer den feuchten Südwestmonsum zum Steigen und bewirken durch die damit verbundene Abkühlung der Luft eine intensive Kondensation. Die daraus resultierenden starken Niederschläge lassen die Gebirgsflüsse rasch anschwellen, was eine bedeutende Zunahme der Sedimentführung zur Folge hat. Die abnehmende Fließgeschwindigkeit des Wassers in der Übergangszone zu den Plateaus und Bekken bedingt die Deponierung von Alluvionen. Große Schwemmfächer in der Bergfußregion sind die Folge dieser Flußablagerungen. Die Böden am Gebirgsfuß sind mineralreich. Die fruchtbaren Becken und Tal-Auen werden bewässert und mit Reis, Mais, Sojabohnen, Erdnüssen, Bohnen, Knoblauch, Zwiebeln und Tabak bebaut. Die Niederungen sind so dicht besiedelt, daß der überwiegend bäuerlichen Bevölkerung nur kleine Landwirtschaftsareale zur Verfügung stehen. Ausgewanderte Angehörige der Hügelstämme aus Burma, Laos oder Südchina müssen des Bevölkerungsdruckes wegen mit den Berghängen vorliebnehmen, die mühsam zu bearbeiten sind und nur im Brandrodungs-Wanderfeldbau *(shifting cultivation)* bewirtschaftet werden können.

Bizarr zerklüftete Kalkgebirge bilden markante Silhouetten. Der Doi Chiang Dao (2182 m) in der Nähe von Chiang Mai ist vielen Touristen bekannt. Die intensive Verwitterung hat hier zu eindrücklichen Karstbildungen geführt. Im weitverzweigten Höhlensystem der Chiang Dao Caves befinden sich Kultorte buddhistischer Pilger.

Die Bewohner des Nordens unterscheiden sich von den übrigen Thai durch ihre hellere Hautfarbe. Ihr Dialekt ist verwandt mit der Sprache der Kentung-Bevölkerung im benachbarten Burma. Die Frauen kleiden sich in knielange Sarongs und einfache Blusen, während die Männer weite Baumwollhosen und eine für diese Region charakteristische Jacke tragen, die *mohom* genannt wird. Als Alltagsnahrung wird im Norden Klebreis dem gewöhnlichen Reis vorgezogen.

Nordthailand ist das Land des Teakholzes. Die hohen, schlanken Bäume mit ihren großen, ovalen Blättern bieten vor allem im Juli und August einen prächtigen Anblick, weil dann ihre Kronen mit weißen Blütenkerzen übersät sind. Das wertvolle Hartholz ist ein wichtiges Ausfuhrgut Thailands. Die Stämme müssen nach dem Fällen zwei Jahre lang getrocknet werden, damit ihr

Gewicht sich verringert. Danach werden sie zum Fluß gezogen und mit Lianen zu riesigen Flößen zusammengebunden. Eine erfahrene Mannschaft, die in kleinen Hütten auf den Stämmen wohnt, steuert das Floß südwärts Richtung Bangkok. Die Flößzeit dauert mehr als zwei Jahre. Wenn Dammbauten den Flußtransport verhindern, muß das Edelholz in Eisenbahnzügen und Lastwagen zu den Sägereien gefahren werden, was mit einer unwillkommenen Kostensteigerung verbunden ist.
In unwegsamen Zonen werden Arbeitselefanten eingesetzt; in der Ebene arbeitet man immer häufiger mit Bulldozern, Traktoren und Sattelschleppern. Das Trainingszentrum für Arbeitselefanten in Ngao mußte deshalb 1972 wegen mangelnder Nachfrage aufgegeben werden. Im Norden führen meistens Angehörige des Karen-Bergstammes, im Südosten Männer aus Laos die Arbeitstiere. Der Zuschauer staunt vor allem über die Riesenkräfte der Elefanten. Ein einziges Tier vermag beispielsweise beim «Tauziehen» ohne Mühe achtzig Männer zu besiegen. Große Hitze setzt den Dickhäutern allerdings stark zu, und ihre tägliche Einsatzzeit darf fünf Stunden nicht überschreiten. Zudem braucht jedes Tier einmal im Jahr eine viermonatige Arbeitspause im immergrünen Wald.
Vor Arbeitsbeginn werden die Elefanten im Fluß gebadet und geschrubbt. Dann legt man ihnen das Zaumzeug um, damit die Ketten die Haut nicht wundscheuern. Der leichtgewichtige Lenker schwingt sich nun auf das Tier und setzt sich direkt hinter den Ohren auf den Kopf. Mit kurzen Befehlen, die durch Dolchstiche in die dicke Haut unterstützt werden, kann man die Elefanten erstaunlich genau führen. Unter lautem Trompeten schleppen sie die schweren Stämme zu den Sammelstellen. An steilen, glitschigen Stellen knien sie nieder und mühen sich keuchend über die Steigungen. Der Reiter muß sich dabei mit starkem Schenkeldruck festhalten, sonst purzelt er leicht kopfüber in den Morast. Mit Dolchstichen spornt er den Elefanten zum Einsatz seiner letzten Kräfte an. Am Lagerplatz werden die Stämme von der Kette gelöst und immer von zwei Tieren gemeinsam getragen, indem sie das Holz mit Rüssel und Stoßzähnen festhalten. Sie stapeln es sorgfältig auf, und man staunt über die Präzisionsarbeit dieser scheinbar so schwerfälligen Tiere. Geschickt geführt, sind sie sogar fähig, entgleiste Loren (Rollwagen) wieder auf die Schienen zu heben. Am Abend kettet man den Elefanten die Vorderfüße zusammen. Dann entläßt man die Tiere in den Dschungel, wo sie sich ihre Nahrung selber suchen.
In den letzten vierzig Jahren hat die Zahl der wildlebenden Elefanten ständig abgenommen. Tiger und Leoparden sind ihre natürlichen Feinde. Weitaus mehr Dickhäuter werden aber durch die kleinsten Lebewesen, die Bakterien, umgebracht, die während der Regenzeit natürlicherweise die günstigsten Lebensbedingungen vorfinden.
Einheimische nehmen zu ihren Arbeiten im unwegsamen Dschungel oft Hunde mit. Raubkatzen stürzen sich mit Vorliebe auf diese Tiere, und der Arbeiter hat dann Gelegenheit zu entkommen. Wenn Menschen von Tigern angegriffen werden, dann meistens nur von solchen, die für die Jagd auf Hirsche und Wildschweine schon zu unbeweglich sind. Gefürchteter als der Tiger ist der gefräßige Kragenbär.

Die zentrale Ebene

Die wirtschaftlich bedeutendste Gegend Thailands, die Chao-Phraya-Niederung, wird in zwei Regionen gegliedert: die nördliche Übergangszone und das Delta. Die nördlichen Verflachungen, die bei Uttaradit einsetzen, verbinden die Gebirgsfußregion mit dem Delta. Drei Hauptflüsse durchfließen die Ebene: der Mae Nam Ping, der Mae Nam Yom und der Mae Nam Nan. Bei Nakhon Sawan vereinigen sie sich zum Mae Nam Chao Phraya, der in westlichen Atlanten kurzerhand als Menam («der Fluß») bezeichnet wird. Die volle Bezeichnung lautet wörtlich übersetzt «Mutter der vornehmen Wasser».

Der Delta-Abschnitt, die sogenannte Bangkok-Ebene, beginnt südlich vom Changwad Nakhon Sawan und erstreckt sich bis zum Golf von Thailand. Durch einen Ring von Bergen begrenzt, bildete dieses Gebiet ursprünglich den nördlichsten, seichten Teil des Golfes. Die Gebirgsflüsse transportieren vor allem während der Regenzeit bedeutende Massen von Schlamm. Die Anschwemmungen des Hauptflusses, der in viele Delta-Arme aufgeteilt ist, und die Akkumulationen des Mae Nam Bang Pakong im Osten und des Mae Nam Mae Klong im Westen treiben das Delta jährlich um 1,50m bis 4m vor. Einerseits wird dadurch die Landfläche vergrößert, anderseits führt diese Sedimentation zur Versandung der Schiffahrtsrinnen, so daß Großfrachter die Hauptstadt des Landes nicht mehr anlaufen können. Bangkok liegt heute im Landesinnern und ist zum Flußhafen geworden, dessen Umschlag zum Teil mit Leichtern und Dschunken getätigt werden muß. Die fruchtbare Ebene weist ein so geringes Gefälle auf, daß sich die Gezeitenunterschiede im Golf von Thailand noch 100km landeinwärts in Flüssen und Kanälen auswirken. Die nur knapp über dem Meeresspiegel liegende Ebene ist während der Regenzeit überschwemmt. Der ursprüngliche Monsunwald ist vollständig gerodet worden und hat einer ertragreichen Kulturlandschaft Platz gemacht. Sie bietet ideale Voraussetzungen für den Reisanbau. Höher gelegene Randpartien, die von der Überflutung nicht erreicht werden, müssen künstlich bewässert werden. Isolierte Kalkkuppen innerhalb des Deltas, wie zum Beispiel diejenigen bei Lopburi, sind als ehemalige Inseln im Golf zu deuten, der einst weiter nordwärts reichte. Die Sedimentführung der Flüsse hat sie landfest gemacht. Die Kalkkuppe des Khao Thap Khwai enthält bedeutende Eisenerzvorkommen, die genutzt werden.

Die zentrale Ebene ist die Kernlandschaft sowohl des historischen Siam als auch des heutigen modernen Staates Thailand. Sie ist außerordentlich dicht besiedelt. Handel und Industrie sind hier stärker entwickelt als in anderen Gebieten. In den Randzonen der Ebene sind aber noch vermehrte Anstrengungen nötig, um die wirtschaftlichen Verhältnisse zu verbessern.

Reis ist das Hauptnahrungsmittel der Bevölkerung und der bedeutendste Devisenbringer des noch weitgehend agrarisch orientierten Landes. Zwei Drittel des landwirtschaftlich genutzten Areals – mehr als die gesamte Fläche der Schweiz – werden für den Reisanbau genutzt. Überall dort, wo Bodenqualität und Feuchtigkeit es ermöglichen, ist dies der Fall. In den Tal-Auen des Nordens und in den Küstenebenen der Malakka-Halbinsel, aber auch auf feuchteren Flächen des Khorat-Plateaus pflanzen Bauern dieses unersetzliche Nahrungsmittel an. Die besten Ernten werden in der zentralen Ebene erzielt. Wer während unserer Frühlingszeit – der heißen Trokkenzeit Südostasiens – Thailand besucht, wird dies kaum für möglich halten. Der ausgetrocknete Boden erweckt dann den Eindruck einer braunen, öden Steppenlandschaft. Kanäle und Flüsse weisen Niedrigwasser auf oder sind versiegt. Die Tropensonne erhitzt die stagnierenden Luftmassen auf über 35° C im Schatten, der allerdings nur schwer zu finden ist. Staub und Dunst erfüllen die Luft und begrenzen die Sichtweite. Niemand verspürt Lust, jetzt zu arbeiten. Jegliche Feldarbeit ruht. Die Wasserbüffel suchen die spärlich gewordenen Sumpftümpel auf und buddeln sich in der feuchten Schlamm-Masse so tief ein, daß nur noch Nase und Hörner ganz wenig herausragen. Hunde lechzen nach Feuchtigkeit, liegen lang ausgestreckt mitten auf der Straße und regen sich kaum, wenn ein Autofahrer hupt. Er muß seine Geschwindigkeit mäßigen, wenn er die trägen Wächter nicht überfahren will. Viele Bäume verlieren in dieser Zeit der Trokkenheit ihre herbstlich gefärbten Blätter; Bananenstauden welken, und Palmwedel verdorren. Im Mai überzieht sich der Himmel mit schweren Wolken. Die ersten Monsunregen setzen ein. Sie bringen lebenspendende Feuchtigkeit und die ersehnte Abkühlung. Jetzt erwachen die Bewohner des sonnenversengten Deltaraumes aus ihrer

Lethargie. Nach den ersten Regengüssen holt der Bauer seine Arbeitsgeräte hervor. Die aufgeweichten, dampfenden Brachfelder werden gepflügt, geeggt und für den Anbau vorbereitet. In der Nähe der Wohnhäuser werden spezielle Saatbeete angelegt. Innerhalb von fünf bis sechs Wochen wachsen hier 10 cm große Reispflänzchen heran. Zahlreiche Landarbeiterinnen helfen beim Verpflanzen. Sie haben den Sarong über die Knie hinauf gebunden, tragen einen riesigen Sonnenhut und waten in Reih und Glied durch die nassen Felder. Mit erstaunlicher Behendigkeit drücken sie die jungen Pflänzchen einzeln in den sumpfigen Boden. Die Arbeit ist mühsam, und Stechmücken plagen die Reisarbeiterinnen. Während sie bis zu den Knien eingesunken im aufgeweichten Boden stehen, werden sie häufig von Hakenwürmern befallen, die eine unangenehme Infektionskrankheit verursachen. – Nach kurzer Zeit verwandelt sich die vorher schmutzigbraune Morastlandschaft in eine gemusterte, zartgrüne Fläche. Störche und Ibisse stelzen durch die feuchten Felder und suchen nach Nahrung. Stare und andere Vögel picken den geplagten Wasserbüffeln das Ungeziefer aus dem Fell.

Die jährlichen Niederschläge in der zentralen Ebene schwanken in der Regel um 1500 mm, für ein Reisfeld aber ist eine minimale Wassermenge von 1800 mm erforderlich. Das Wassermanko, bedingt durch relativ geringe Niederschläge bei hoher Verdunstung, wird durch Überschwemmungen ausgeglichen. Im Herbst treten die angeschwollenen Flüsse über ihre Ufer und verwandeln die tief gelegene Ebene in einen Inlandsee. Inselgleich ragen dann die Pfahlbaudörfer aus der überschwemmten Landschaft. In flußnah gelegenen Gebieten kann die Überflutung so lange anhalten, daß die Reisrispen vom Boot aus geschnitten werden müssen. Die in den Kanälen und Feldern ausgesetzten Fische sind eine willkommene Bereicherung des einfachen Speisezettels. In der nachfolgenden Trockenzeit verwandelt sich der abgelagerte Schlamm in harten Lehm.

Durch die Umwandlung des Gebietes in eine Kulturlandschaft ist der ursprünglichen Fauna der Lebensraum genommen worden. Affen gibt es nur noch in einzelnen Refugien. Auf dem heiligen Felsen von Lopburi zum Beispiel lebt eine lärmige Schar dieser Tiere, die zum Mißvergnügen der Bauern große Mengen von Bananen stehlen. Abends schwirren Fledermäuse durch die Luft. Die zahlreichen Geckos in den Hütten der Bauern werden als Hausfreunde behandelt, denn sie sind eifrige Insektenvertilger. Mit den Saugnäpfchen ihrer Füße halten sie sich an Decken und Wänden fest, während sie blitzschnell mit ihrer Zunge Stechmücken, Fliegen, Spinnen und andere Plagegeister des Menschen fangen.

Der relative Reichtum der zentralen Region zeigt sich darin, daß hier das Pro-Kopf-Einkommen am höchsten ist. Das nominale Landesmittel lag 1979 bei 599 US $ pro Einwohner. Das Pro-Kopf-Einkommen der zentralen Ebene übertrifft das Landesmittel um rund 80 Prozent.

Das Khorat-Plateau

Isan (Nordostthailand) liegt östlich von 101° Länge und nördlich der Dong-Rak-Berge. Das Plateau verdankt seinen Namen der Stadt Khorat, deren zweiter Name Nakhon Ratchasima ist. Die randliche Aufstauchung der Sedimente und Kippungen haben zur Bildung einer Beckenlandschaft geführt, deren Höhe zwischen 130 m und 200 m schwankt. Die westlichen Randgebirge erreichen in den Dong-Phya-Yen-Hügeln 800 bis 1300 m. Die südliche Schwelle besteht aus den Bergzügen von San Kamphaeng und Dong Rak. Diese trennen das Plateau von der Tiefebene Kambodschas. Im Dreiländersektor Kambodscha–Thailand–Laos biegt die Geländestufe nordostwärts um. Die Hauptentwässerungsrichtung wird durch die Pultfläche bestimmt, die zum Mekong hin sanft abfällt. Die Khorat-Serie, welche entlang der Westseite des gehobenen Plateaus verläuft, ist im späten Erdmittelalter gefaltet worden. Die im Gefolge der Orogenese entstandenen Granitstöcke enthalten wertvolle Erze.

Seinem Namen «Staubschüssel» macht das Khorat-Plateau während der Wintermonsunzeit alle Ehre. Die Luft ist dann erfüllt von rotem Lateritstaub. Der Boden ist oft so stark eisenoxidhaltig, daß nicht einmal mehr Gräser gedeihen können. Diese wüstenhaften, dunklen Stellen, *Talat Phi* («Marktplatz der Geister») genannt, werden von den Leuten gemieden. Hohe Termitenhügel bilden Orientierungspunkte in der eintönigen Landschaft. Häufig ist die unfruchtbare Gegend von einer Dornsavanne überzogen; Dschungelgebiete sind selten.
Der Boden hat ein geringes Retentionsvermögen. Sommerliche Monsunregen führen in der spärlich bewaldeten Landschaft deshalb rasch zu Überschwemmungen, von denen vor allem Ubon stark betroffen wird. Alluvionen des Mae Nam Mun und Mae Nam Chi heben sich mit ihren fruchtbaren Feldern von den vegetationsarmen Sandgebieten ab. Das reichlich vorhandene Grundwasser kann hier erbohrt werden, ist jedoch wegen seines hohen Salzgehaltes als Trinkwasser ungeeignet. In der unmittelbaren Umgebung des Mekong, der hier schon 1 km breit ist, prägen Sümpfe und Seen das Landschaftsbild. Die zahlreichen Inseln und Stromschnellen im Grenzfluß verhindern seine Schiffbarmachung.
Der Einfluß des nahen Kambodscha ist in der Männertracht sichtbar. Die Männer des Grenzgebietes tragen die typische Kleidung der Khmer, die *pha chong kraben*, die an die Kleider der Hindu erinnert. Der Dialekt hat Ähnlichkeit mit der Sprache von Laos.
Alltagsnahrungsmittel der Khorat-Bewohner ist der Klebreis. Nur in den mekongnahen Teilen wird er durch den üblichen Reis ersetzt. Holz, Kenaf, Jute und Viehzucht sind die wichtigsten Einnahmequellen. Kenaf ist eine juteähnliche Pflanze, deren Fasern vor allem zum Weben von Sackstoffen und Tragtaschen gebraucht werden. Aus dem Khorat-Plateau stammt der größte Teil der über fünf Millionen Wasserbüffel. Valentin Chu bezeichnet die langsamen, aber starken Tiere zu Recht als unersetzliche «waterproof tractors». Wo alle modernen Traktoren versagen, setzt man mit Erfolg die genügsamen Wasserbüffel ein. Die Bullen ziehen sogar Pflüge durch die schweren Lehmböden der Trockengebiete. Häufig spannt man sie als Zugtiere vor großrädrige Holzkarren. Zudem sind sie geschätzte Fleischlieferanten. Die Aufzucht tropenresistenter Rinder hat neuerdings an Bedeutung gewonnen. Aus Nordostthailand kommen auch viele der 12000 gezähmten Arbeitselefanten des Landes. Alljährlich im November führen die Züchter ihre geschicktesten Tiere in einer eindrücklichen Schau vor. Das Elefanten-Roundup von Surin, 500 km nordöstlich von Bangkok, ist nicht nur das große Jahresereignis für die Lokalbevölkerung, sondern ebenso eine Touristenattraktion ersten Ranges (vgl. Abb. 29).
Unregelmäßige Niederschläge und die Durchlässigkeit der Sandböden beeinträchtigen die landwirtschaftlichen Erträge. Viele Bauern Nordostthailands wandern deshalb in die fruchtbaren Gebiete der zentralen Ebene ab. Das durchschnittliche Pro-Kopf-Einkommen beträgt knapp die Hälfte des Landesdurchschnitts. Die Regierung bemüht sich, durch namhafte Beiträge den Lebensstandard der Bewohner dieses unterentwickelten Gebietes zu heben.

Südostthailand

Hügel und Berge kennzeichnen den zentralen Teil Südostthailands und den östlichen Grenzabschnitt gegen Kambodscha. Die Großlandschaft erstreckt sich von der Bergfußregion der San-Kamphaeng-Kette südwärts und umfaßt Changwad Prachin Buri, Chon Buri, Rayong, Chanthaburi und Trat. Die höchsten Gipfel erheben sich über 1600 m Höhe. Das unruhige Relief in den meernahen Gebieten setzt sich fort in der stark gegliederten Küste. In den geschützten Buchten liegen malerische Fischerdörfer, deren Bewohner mit dem Trocknen von Fischen und Crevetten (Garnelen) oder der Herstellung der beliebten Fischsauce Nam Pla recht gut verdienen. Felsige Inseln sind der Küste vorgelagert.

Von Norden nach Süden ziehende Flüsse gliedern den Südosten in Teillandschaften. Über die Steilstufen, die den Übergang von der Gebirgszone zu den kleinen Alluvialebenen bilden, stürzen eindrückliche Wasserfälle herab, die zu beliebten Ausflugszielen der Lokalbevölkerung geworden sind.

In den feuchten Deltazonen wird Reis angebaut, während die gut entwässerten unteren Hangpartien mit gepflegten Fruchthainen und Kulturwäldern bewachsen sind. Kautschukplantagen und Pflanzungen von Zuckerrohr, Ananas, Durian, Rambutan, Mango, Mangistan und Jackfruit bieten den Bewohnern Arbeits- und Verdienstmöglichkeiten (vgl. Abb. 52, 53, 54). Auf den trockenen Sandböden wird Maniok angepflanzt. Die Wurzelknollen werden getrocknet, gemahlen und zu Stärke (Tapioka) verarbeitet.

Die weiter landeinwärts gelegenen Hügelzonen sind noch zum größten Teil bewaldet. Brandrodungsinseln weisen auf Pioniere hin, die im Begriff sind, sich in diesem schwach besiedelten Hügelland eine neue Existenz aufzubauen. Im malariaverseuchten Hinterland von Chanthaburi und Trat versuchen Tausende ihr Glück als Edelsteinsucher. Rubine und Sternsaphire werden mit einfachen Methoden entweder aus Fluß-Sanden ausgewaschen oder im Schachtabbau gewonnen. Von den zahlreichen Badestränden erfreut sich besonders Patthaya im internationalen Tourismus eines guten Rufes.

Thailands Anteil an der Malakka-Halbinsel

Der südlichste Teil des Landes, der auf der Malakka-Halbinsel liegt, reicht von Ratchaburi nach Süden bis zur Grenze von Malaysia. Der *nördliche Abschnitt* wird im Westen von der hohen Tenasserim-Gebirgskette flankiert. Diese bildet die Grenze zwischen dem thailändischen und dem burmesischen Malakka-Anteil. Ihre unzugänglichen Gebirgszüge erreichen Höhen von 1500 m, über die wenige Bergstraßen führen. Der bedeutendste Paß ist der Jalinga (auch Chong Singkhon genannt), der Prachuap Khiri Khan mit dem burmesischen Städtchen Tenasserim verbindet. Die Ostküste ist versandet und bietet gute Voraussetzungen für Badestrände. Einzelne Inselberge aus Kalk überragen die Küstenebene.

Der *südliche Abschnitt* setzt beim Isthmus von Kra ein. Die Landzunge ist an ihrer schmalsten Stelle nur 24 km breit. Seit langem bestehen Pläne, hier einen Kanal zu bauen, der den Seeweg vom Golf von Thailand in den Golf von Bengalen um 1500 km verkürzen würde. Zwei parallel verlaufende, in Nord-Süd-Richtung streichende Gebirgsketten (Phuket und Nakhon Si Thammarat) durchziehen die südlichste Zone Thailands. Isolierte Berggipfel bilden markante Landmarken. Entlang der malaysischen Grenze verlaufen die San-Kara-Khiri-Berge, die im Zentralabschnitt Höhen um 1500 m erreichen.

Kurze Flüsse, deren Unterläufe ertrunken sind, entwässern die Gebirge. Die Westküste ist stärker gegliedert als der Strand im Osten. Phuket, eine der zahlreich dem Festland vorgelagerten Inseln, ist besonders gut bekannt. Hier werden Zinnerze gewonnen und verarbeitet, und die Bevölkerung ist relativ wohlhabend. In der Bucht von Phangnga und Ao Luk finden sich bizarre Kegelkarstformen, die an Bilder aus dem Golf von Tongking erinnern. Viele Küstenbewohner sind als Fischer tätig; andere sammeln an steilen Kalkfelsen Schwalbennester, die zu Suppe verarbeitet werden. Neuerdings gibt es auch Arbeitsplätze bei den Unternehmen, die sich der Zucht von Kulturperlen widmen. Im Gegensatz zur Senkungsküste im Westen ist die östliche Tafel gehoben worden, was sich durch hoch über dem Meeresspiegel liegende Kalkplatten belegen läßt, die stellenweise Brandungshohlkehlen aufweisen. Nördlich des Küstenstädtchens Songkhla liegt das Haff des Thale Sap Songkhla, das durch eine über 100 km lange Sandnehrung vom

Südchinesischen Meer abgetrennt wird. Bis jetzt haben die westlichen Touristen die schönen Strandlandschaften an der Inlandsee noch kaum entdeckt. Songkhla selber aber profitiert schon vom Besucherstrom aus Penang und Kuala Lumpur. Westlich an den Thale Sap schließt die reichste Reisanbaugegend Südthailands an. Große Bedeutung haben hier auch die beiden andern landwirtschaftlichen Produkte des Südens: *Hevea*-Bäume und Kokospalmen.

Die Bergketten, die auf beiden Seiten von tropischen Meeren flankiert werden, zwingen sowohl den Südwestmonsun als auch den Nordostpassat zum Ausregnen. Die Halbinsel kennt deshalb keine ausgesprochene Trockenzeit. Sie erhält im allgemeinen 2000 mm bis 4800 mm Niederschlag im Jahr. Die reichlichen Regenfälle an den Berghängen und jahreszeitlich ausgeglichene Temperaturen beschleunigen das Wachstum der Pflanzen im tropischen Regenwald. Der Küste entlang erstrecken sich Mangrovensümpfe, die von der Flut regelmäßig überspült werden. Die Ebbe gibt ein bizarres Landschaftsbild frei: Aus dem flachen Wasser ragen die dikken Stelzwurzeln der Pangkabai-Mangroven hervor. Die vielen Luftwurzeln und das dichte, herabhängende Laub erschweren den Schiffen die Durchfahrt. Affen tummeln sich in den seichten Wassern, in denen sie kreischend nach Krebsen suchen. Krokodile dösen in den Sümpfen. Bevor die Einheimischen zum Fischfang oder zur Krebssuche ins Wasser steigen, versuchen sie, die gefräßigen Krokodile zu vertreiben, indem sie Feuerwerk abbrennen. Bambussperren in den Trichtermündungen sollen die gefährlichen Tiere fernhalten. An den oberen Abschnitten der Ästuarien gedeihen die kurzstämmigen Chak (Nipapalmen), deren Wedel ein geschätztes Dachdeckmaterial für die Häuser der Einheimischen liefern.

Unweit der Küstensümpfe setzt der tropische Regenwald mit auffallend hohen Bäumen ein. Diese Baumriesen, meistens Yang und Takhian, werden über 50 m hoch. Die Blätter ihrer Kronen schließen sich so dicht zusammen, daß kaum ein Sonnenstrahl auf den moosigen, unter den Tritten federnden Waldboden dringen kann. Die feuchte Luft ist von Modergeruch erfüllt, und das Atmen fällt schwer. Außer ihrem Holz, das als Baumaterial geschätzt wird, liefern Yang und Takhian auch bedeutende Harzmengen. An vielen Stellen bilden hohe Bambusgewächse undurchdringliche Sperren. Der tropische Regenwald weist einen bemerkenswerten Artenreichtum auf. Efeuähnliche Schlingpflanzen winden sich um die Stämme der Baumriesen. Lianen klettern mit dünnen Stammorganen an anderen Gewächsen empor, um ihr Laub dem vollen Sonnenschein auszusetzen. In den Astgabeln sitzen mächtige Epiphyten. Farne sind stark verbreitet und kommen in allen Größen vor. Orchideen gehören zu den wenigen Blütenpflanzen, die in dieses Halbdunkel belebende Farbakzente setzen. Große, bunte Schmetterlinge flattern um modernde Baumstrünke, die dicht mit Moosen und Flechten überwachsen sind. Tiger und Schwarzer Panther lauern auf Tapire und Hirsche. Im Astwerk schwingen sich Gibbons von Baum zu Baum, brüllen und kreischen und suchen nach Früchten. Flughörnchen schweben lautlos durch den Wald, und Echsen huschen über den Boden.

Der Regenwald ist für den Menschen nicht ungefährlich. Neben den erwähnten Raubtieren gibt es dreizehn Arten von giftigen Schlangen, unter ihnen die Kobra und die gebänderte Krait. Äußerst lästig sind Blutegel (leeches). Sie haken sich in der Haut von Mensch und Tier fest und können erst abgestreift werden, nachdem sie sich mit Blut fingerdick vollgesogen haben. Sie scheiden ein Antikoagulationsmittel aus und hinterlassen tiefe Wunden, die nur langsam verkrusten. Blutflecken in den Kleidern der Waldarbeiter weisen auf die Saugstellen hin. Die Gefahr einer Infektion ist im bakterienfreundlichen Klima des tropischen Urwaldes besonders groß, und noch so hohes Schuhwerk und lange Hosen vermögen nicht immer vor den Schmarotzern zu schützen.

16 Meo-Mädchen auf dem Heimweg von der Feldarbeit (Nordthailand). Ihre handgewebte, buntbestickte Tracht tragen sie auch im Alltag, ebenso wie ihren reichen Silberschmuck.

17 Pfeifenrauchende Akha-Großmutter in Saen Chai. Auffallend bei allen Hügelvölkern ist die Vorliebe für das Pfeifenrauchen. Von frühester Jugend an bis ins hohe Alter genießen die Stammesangehörigen ihren Knaster.

18 Dorfschule für Meo-Knaben am Abhang des Pui-Berges. An mittelalterliche Verhältnisse erinnert die Schule am Doi Pui. Zwei Polizisten der Grenzschutztruppen haben die Aufgabe, die Meo-Knaben zu unterrichten. Bei der Lebhaftigkeit der kleinen Burschen mag der Schuldienst allerdings nervenaufreibender sein, als es die Überwachung des spärlich besiedelten Berglandes wäre.

19 Angehörige eines Meo-Stammes am Doi Pui (westlich von Chiang Mai). Die Meo-Frauen tragen über weiten Pluderhosen hübsch verzierte, dunkle Röcke. Der Haaransatz ist aus ästhetischen Gründen über der Stirn und den Ohren wegrasiert. Nie wird ein Säugling sich selbst überlassen; bei allen Arbeiten trägt die Mutter ihr Kleinkind auf dem Rücken mit sich.

20 Lisu warten an einer Wegkreuzung westlich von Mae Chan auf den Arzt. Große Probleme stellt die medizinische Betreuung der abgelegenen Hügelstämme. In erschlossenen Gebieten halten Ärzte und Krankenschwestern an bestimmten Tagen Sprechstunden ab, von denen alle in der Umgebung Wohnenden Gebrauch machen können. Die Lisu, die sich schon früh am Morgen auf den beschwerlichen Weg aufmachen mußten, warten nun geduldig stundenlang, bis sie vom Arzt betreut werden.

21 Lisu-Frau in der Festtracht. Die Lisu gehören der tibeto-birmanischen Bevölkerungsgruppe an. Ursprünglich im Quellgebiet des Salween lebend, wanderten sie südwärts nach Yünnan, nach Kachin und in den Schan-Staat aus. Um die Jahrhundertwende überschritten einzelne Stämme die thailändische Grenze. Sie leben heute hauptsächlich im Raume zwischen dem Mekong und Chiang Mai. Die Frauentracht ist farbiger als diejenige anderer Bergstämme. Ein riesiger Turban dient als Kopfbedeckung. Für den mehrere Kilogramm schweren Silberschmuck sind indische oder laotische Münzen eingeschmolzen worden.

22 Hausboote auf dem Fluß Mae Nam Kok bei Chiang Rai. Die Boote dienen nicht nur als Wohnung, sondern werden auch zum Transport von Waren zu gemächlichen Fahrten flußabwärts benutzt. Mit Hilfe von Wasserrädern (links im Bild) werden in der Trockenzeit die Felder bewässert.

23 Reisbäuerin beim Fischen. Kanäle in den Feldern dienen verschiedenen Zwekken. Vor dem Bau der Straßen waren sie die einzigen Verkehrswege; heute werden sie weniger häufig befahren. In ihrem Wasser werden Fische gezüchtet, die man mit Hebenetzen fängt. Über dem Feuer in großen Mengen geröstet, bilden die ungefähr 2cm langen Fischlein zusammen mit Reis die Alltagsnahrung der Landbevölkerung. Die Fische vertilgen zudem lästige Insekten, so daß die Bevölkerung hier kaum von Mücken geplagt wird.

19

20

21

Wirtschaft

Überblick über einige landwirtschaftliche Anbauprodukte

Das tropische Monsunklima ermöglicht eine Vielfalt von wirtschaftlichen Anbauprodukten. Sowohl als Hauptnahrungsmittel wie auch als bedeutendstes Ausfuhrprodukt steht der *Reis* volkswirtschaftlich gesehen an erster Stelle. Kautschuk war 1979 der zweitwichtigste Devisenbringer. Die Bedeutung dieser beiden Produkte wird in besonderen Abschnitten ausführlich gewürdigt.

Mais, vor dreißig Jahren noch kaum bekannt, stellt heute ein wichtiges Ausfuhrgut dar. Er wird entweder in Monokultur angebaut oder in die Fruchtwechselfolge mit Trockenreis einbezogen. Gute Ernten werden vor allem auf frisch gerodetem Dschungelboden erzielt. Die geeignetsten Anbaugebiete liegen an Flußläufen, weil hier die mineralreichen, leichten Anschwemmungsböden mit wenig Mühe bearbeitet werden können. Lehmböden sind weniger günstig. Sie verlangen intensivere Bearbeitungsmethoden und vermehrten Maschineneinsatz. In solchen Gebieten ist der Maisanbau für die finanzschwachen Bauern zu kostspielig. 90 Prozent des thailändischen Maises stammen aus dem Maisgürtel, der sich von Lopburi bis Chiang Rai erstreckt. Die Landesproduktion konnte von 1,5 Millionen Tonnen im Jahr 1966 auf 3,3 Millionen (1979) gesteigert werden. Da nur rund 250000 bis 300000 Tonnen Mais im Lande selbst konsumiert oder verwertet werden, resultiert eine bedeutende Ausfuhr, die 1978 einen Erlös von 4231 Millionen Baht, 1979 einen solchen von 5567 Millionen Baht einbrachte. Somit stand Mais als viertwichtigstes landwirtschaftliches Ausfuhrgut hinter Reis, Kautschuk und Tapioka (Exporterlöse 1979: Reis 15592 Millionen Baht, Kautschuk 12351 Millionen Baht, Tapioka 9891 Millionen Baht). Hauptabnehmer des thailändischen Maises sind Japan, Singapur, Taiwan, Hongkong, Malaysia, Südkorea und die Philippinen. Die relativ lange Regenzeit gestattet zwei Ernten im Jahr, die allerdings den Boden rasch verarmen lassen. Durch gezielte Forschungsarbeiten versucht das Landwirtschaftsministerium sowohl die Anbaufläche als auch die Hektarerträge zu steigern.

Die regelmäßigen Niederschläge in Südostthailand und auf der Malakka-Halbinsel bieten gute Voraussetzungen für den Anbau tropischer Knollenfrüchte. Der zur Familie der Wolfsmilchgewächse gehörende *Maniok (Manihot utilissima)* ist für die Stärkegewinnung wichtig. Maniokstraücher brauchen Böden mit guter Wasserdurchlässigkeit. Günstig ist deshalb lockerer Sandboden, der sich wegen des raschen Wasserabflusses weniger gut für den Anbau anderer Produkte eignet. In Gegenden mit Zuckerrohrpflanzungen und Gemüsekulturen wird Maniok in die Fruchtwechselfolge miteinbezogen. Sechs bis neun Monate nach dem Anpflanzen können die durchschnittlich 50cm langen und 15cm dicken Wurzelknollen geerntet werden. Sie enthalten 15 bis 22 Prozent Stärke. Die ungefähr mannshohen Stauden werden von Hand ausgerissen, damit die Knollen nicht durch die Maschinen beschädigt werden. Die mehrere Kilogramm schweren Wurzelverdickungen werden eingesammelt, gewaschen, zerkleinert und an der Sonne getrocknet. Verkauft werden entweder Tapioka-Mehl, Maniok-Schnitze oder -Chips. Der vor allem nach den Niederlanden, der Bundesrepublik und Japan gerichtete Export brachte 1979 einen Erlös von 9891 Millionen Baht.

Der *Kenaf (Hibiscus sabdariffa)* gehört zur Familie der Malvaceae. Er wird schon seit langer Zeit angebaut, gelangte aber erst nach dem Zweiten Weltkrieg zur Ausfuhr, als sich die Nachfrage nach Sackstoffen und Seilen vergrößerte. Hauptanbaugebiet ist heute das Khorat-Plateau. Kenaf verträgt die Trockenheit relativ gut und liefert auch in Lagen über 700m Höhe befriedigende Ernteresultate. Die hohen Stengel sind stark windempfindlich. Sie enthalten feine, zähe Fasern, die dreieinhalb Monate nach der Aussaat geerntet werden können. Ihre Verarbeitung erfordert viel Zeit. Zuerst muß der Bast gelöst, dann eingeweicht und gewaschen werden. Nachdem man die Rindenteilchen herausgelesen hat, werden die Fasern getrocknet, gehechelt und zu Ballen gepreßt. 80 Prozent der Rohfasern werden exportiert. Der Rest wird in der Gegend selbst hauptsächlich zu Tragtaschen verarbeitet. Die Marktverhältnisse für Kenaf sind gegenwärtig ungünstig. Hauptkonkurrent ist die Jute, die vor allem im Gebiet des Gangesdeltas angebaut wird und ihm qualitativ überlegen ist. Unternehmer haben deshalb nach neuen Verwertungsmöglichkeiten für die thailändischen Fasern gesucht. So ist beabsichtigt, grüne Kenafstengel zu Papierbrei und Papier zu verarbeiten. Obwohl die Anbaubedingungen für *Jute* günstiger sind, verläuft auch hier die Entwicklung wenig befriedigend. Die Erträge hängen nicht nur von Naturfaktoren ab, sondern werden auch durch die schwankenden Preise auf dem Weltmarkt beeinflußt. Wenn zur Zeit der Aussaat für Jute wenig bezahlt wird, verkleinern die Bauern, die auf Bargeld angewiesen sind, sofort ihre Anbaufläche und steigen auf andere Landwirtschaftsprodukte um. 1966 wurde zum Beispiel ein Ernteertrag von 660000t Jute erzielt. Fallende Preise bewogen aber die Pflanzer, ihre Produktion 1967 auf 365000t, 1968 gar auf 148000t zu senken. Die Ernte 1968 konnte dann allerdings wegen steigender Nachfrage zu sehr hohen Preisen abgesetzt werden; doch der Erlös aus dem Jute- und Kenaf-Export verringerte sich in den letzten Jahren. Im Rekordjahr 1966 betrug er noch 1614 Millionen Baht, sank aber bis 1979 kontinuierlich auf 391 Millionen Baht. Wichtigste Käufer der Fasern sind Hongkong und Japan.

Reis. Die älteste und wichtigste Pflanze Thailands ist der Reis. Seit Jahrtausenden bildet er das «tägliche Brot» der Bewohner. Dieser oft gehörte Ausdruck darf allerdings nicht wörtlich verstanden werden, da Reis nicht gebakken werden kann. In gekochtem Zustand wird er jedoch mit verschiedenen Zutaten wie Fleisch, Fisch, Gemüse, Saucen und Gewürzen zu allen Mahlzeiten gegessen. Gegen 80 Prozent der Thai verdienen ihren Lebensunterhalt im Zusammenhang mit Reis. Die wirtschaftlichen Verhältnisse des Landes hängen deshalb in entscheidendem Maße von den Reis-Ernteerträgen und den Marktbedingungen für dieses Produkt ab. Das Hauptnahrungsmittel wird in allen Provinzen angepflanzt; wirkliche Reiskammer ist aber die große Schwemmlandebene des Menam. Die hier erzielten hohen Erträge ermöglichen der Bevölkerung ein Leben in relativem Wohlstand. Die vielen Reissorten Thailands können in zwei Hauptgruppen unterteilt werden. Man unterscheidet den *khao chao,* den nichtklebrigen Reis, vom *khao niao,* dem Klebreis. Die Rispen des Klebreises enthalten große, rote bis schwarze Körner. Sie bilden die Grundnahrung der Bewohner im Norden und Nordosten und kleben zusammen, wenn man sie kocht. Der in Europa besser bekannte *khao chao* wird im übrigen Gebiet Thailands bevorzugt und auch exportiert. Andere Bezeichnungen beziehen sich auf die unterschiedlich lange Vegetationszeit der verschiedenen Reissorten. So benötigt der *khao bao* zweieinhalb, der *khao klang pi* drei bis vier und der *khao nak* fünf bis sechs Monate vom Verpflanzen bis zur Erntereife.

Trockenreis oder Bergreis wird im Regenfeldbau angepflanzt und nimmt lediglich 7 Prozent der Reisanbaufläche ein. Er wächst meistens an nichtterrassierten Hangzonen, die für Naßreiskulturen ungeeignet sind. Angehörige der Hügelstämme bauen ihn auf Brandrodungsinseln an. Wenn nach einigen Jahren die Ernteerträge stark abnehmen, gibt man die Ackerfläche auf und überläßt sie der rasch nachwuchernden Sekundärvegetation. Durch Neurodungen erschließt man frisches Pflanzland.

Genügend Wasser – entweder aus natürlicher Überflutung oder aus künstlicher Bewässerung – ist Voraussetzung für *Naßreis*-Kulturen. Besonders sorgfältig wird das Saatbeet angelegt. Es befindet sich wegen der besseren Überwachungsmöglichkeit meistens in der Nähe des Hauses und wird unter genauer Einhaltung magischer Vorschriften mehrmals gepflügt, eingeebnet und mit dem Mist von Wasserbüffeln gedüngt. Während der ersten drei Tage nach der Aussaat unterbricht man die Wasserzufuhr. Nachher wird entsprechend dem Flüssigkeitsbedarf der jungen Pflänzchen bewässert. Vogelscheuchen werden aufgestellt, und geflochtene Wände um das Kleinfeld herum sollen Rinder, Hühner, Affen und Schweine am Eindringen hindern. Nach fünf bis sechs Wochen werden die jungen, zartgrünen Reispflänzchen pikiert, das heißt vom Saatbeet in die vorbereiteten Reisfelder verpflanzt.

Mit der Ernte setzt die nächste arbeitsintensive Phase ein. Gepflügt hat in der Regel jeder Bauer sein Grundstück allein. Jetzt wird zusammen mit anderen Dorfbewohnern das Schneiden der Halme in Angriff genommen. Dieses Gemeinschaftswerk ermöglicht die Erledigung der Arbeit auf einem Felde binnen kürzester Frist, bietet aber auch willkommene Kontaktmöglichkeiten. Junge Burschen und Mädchen treffen sich bei der harten Arbeit, genießen am Abend die vom Ackerbesitzer gestiftete Mahlzeit und vergnügen sich anschließend bei Musik und Tanz. Viele «zarte Bande», die zu dauerhaften Bindungen führten, sind auf den Reisfeldern geknüpft worden.

An den meisten Orten werden die Halme der reifen Reispflanzen mit Sicheln geschnitten, zu kleinen Garben gebunden und auf Karren oder Schlitten zum Dreschplatz gefahren. Auf einem sorgfältig eingeebneten Platz werden die Körner entweder durch Haustiere ausgetrampelt, oder man schlägt die Reisbüschel über Holzbretter. Der Nordostpassat erleichtert das Worfeln, bei dem die Körner von der Spreu getrennt werden. Malaiisch beeinflußte Erntemethoden kennt man auf der Malakka-Halbinsel. Dort werden die Rispen mit einem Messer geschnitten. Die kleinen Garben werden am Feldweg aufgereiht, später an Tragstangen gehängt und in die Reisspeicher transportiert. Weil das Reiskorn beim Dreschen in den Spelzen bleibt, muß es danach geschält werden, indem man es in Holzmörsern stampft oder mechanisch in Reismühlen von den Hüllen befreit.

Bis in die Mitte des 19. Jahrhunderts war Thailand weitgehend vom Ausland isoliert. Die Landwirtschaft war deshalb auf Selbstversorgung ausgerichtet. Erst nach der Unterzeichnung des Bowring-Vertrages mit England (vgl. S. 118) setzte 1855 der Handel mit dem Westen ein. Während 1857 bis 1859 Thailands Anbaufläche für Reis erst 9280 km^2 betrug, verdoppelte sie sich bis zum Ersten Weltkrieg. Gegenwärtig werden rund 15 Prozent der Landesfläche durch den Anbau von Reis genutzt. Die Erntemenge betrug 1979 17,5 Millionen Tonnen, was einem durchschnittlichen Hektarertrag von nur knapp 2 t entspricht. Die Einnahmen aus dem Reisexport stiegen von 5852 Millionen Baht (1975) auf 15 592 Millionen Baht (1979). Der schlimmsten Dürre seit 25 Jahren wegen fiel die Reisernte 1980 um 9,5 Prozent schlechter aus als im Vorjahr.

Reis ist volkswirtschaftlich von größter Bedeutung. Wegen seiner weltweiten Verknappung – zum Teil auch durch den Vietnam-Krieg verursacht – hatte Thailand bis jetzt keine Schwierigkeiten, den Produktionsüberschuß im Ausland abzusetzen. Trotzdem muß sich der thailändische Bauer bemühen, den Ertrag seiner Anbaufläche bedeutend zu steigern, wenn er seinen Lebensstandard anheben will. Durch eine größere Vielfalt seiner Anbauprodukte könnte er versuchen, das Marktangebot zu erweitern, ohne die Zahl der Arbeitskräfte vergrößern zu müssen. Wirkungsvoller würden diese Maßnahmen allerdings erst, wenn den Kleinbauern größere Anbauflächen zur Verfügung stünden. Seit 1970 kennen die thailändischen Fachleute neue, hochertragreiche Reissorten (IR-Varietäten), die aus vielen Kreuzungsversuchen hervorgegangen sind und sich durch verschiedene positive Eigenschaften auszeichnen. Der «Wunderreis» reift in vier Monaten heran. Seine Erträge werden durch die unterschiedlichen Tageslängen kaum beeinflußt, so daß der Anbau während des ganzen Jahres möglich ist. Auch heftige Winde knicken seine Halme nur selten. Die Menge der infolge von

Sturmschäden entstandenen Lagerfrucht ist deshalb gering. Auf Versuchsfeldern verschiedener Staaten Südostasiens sind bei richtiger Düngung und intensiver Ratten- und Insektenbekämpfung hohe Erträge erzielt worden. Feuchtzeiternten ergaben Hektarerträge zwischen 5 und 7, Trockenzeiternten sogar solche von 7 bis 9 Tonnen. Ernüchternd wirkt allerdings die Tatsache, daß die hochgezüchteten IR-Varietäten schädlingsanfälliger sind und eine intensivere Pflege verlangen als herkömmliche Arten. Reiskenner sagen gewissen neuen Sorten zudem einen weniger guten Geschmack nach und ziehen andere Arten vor. Kostspielige Düngung verteuert das Endprodukt, und die Produktion optimaler Erträge setzt raffiniertere Anbautechniken voraus, als sie bisher üblich waren. Weil hochgezüchtete Sorten Bewässerungsanlagen verlangen, in denen das Wasser je nach Entwicklungsstand der Pflanzen verschieden «dosiert» werden kann, setzt die «Reisrevolution» den Bau neuer Bewässerungsanlagen voraus, der das Staatsbudget in hohem Maße belastet. Neue Arbeitstechniken, richtige Düngungsmethoden und die sachgemäße Verwendung von Insektiziden müssen in intensiver Schulung an die Bauern herangetragen werden, sonst bleibt bei der Verwendung des IR-Saatgutes das «Wunder» aus.

Reismühlen sind die wichtigsten industriellen Unternehmen des Landes. Vor 1920 gehörten sie meistens Europäern und Chinesen. Heute ist der größte Teil der 25 000 Mühlen durch Kauf in chinesische Hände übergegangen. Da thailändische Bauern unter chronischem Mangel an Bargeld leiden, nehmen sie häufig bei Industriellen oder Zwischenhändlern gegen Wucherzins Geld auf, um dringend benötigte Werkzeuge und neues Saatgut erstehen zu können. Die Verschuldung kann so groß werden, daß die Bauern zur Tilgung der Schuld ihre Grundstücke verpfänden müssen. Dadurch wird ihnen die Existenzgrundlage entzogen. Um das zu verhindern, haben sich die Reisbauern zusammengeschlossen und genossenschaftliche Banken gegründet, bei denen sie in Finanznöten Geld zu günstigen Zinsen leihen können.

Die industrielle Reisverwertung liefert verschiedene Produkte. *Gemahlener Reis* ist als Nahrungsmittel ein vorzüglicher Energiespender. Er enthält neben Kohlehydraten Eisen, Kalzium und die Vitamine B_1, B_2 und G. Viele asiatische Schwerarbeiter ernähren sich fast ausschließlich von Reis und etwas Gemüse und sind dabei gesund. Die *Schalen* der Reiskörner werden hauptsächlich von der Düngerindustrie verarbeitet, wegen ihres beträchtlichen Silikatgehaltes in den USA aber auch als Schleifmittel für Gußprodukte verwendet. *Reiskleie* bildet einen der Grundstoffe für Rinder- und Geflügelfutter und ist auch Ausgangsprodukt für Reisöl. Beim Polieren der Körner wird die *Silberhaut* entfernt, die als wertvoller Vitaminspender für Mensch und Tier wichtig ist. Beim Mahlprozeß *zerbrochene Körner* werden von Brauereien zur Herstellung von Reisbier verwendet. Aus Reis werden auch der beliebte Thai-Arak (Lao Rong) und der Reiswein gewonnen.

Die Thai Rice Company, einer der führenden Exporteure des Landes, bringt seit Jahren *vitaminangereicherten Reis* in den Handel. Die sogenannten Premix-Körner werden mit der zweihundertfachen Normalmenge an Vitaminen und Mineralien imprägniert. Danach wird jedes behandelte Korn mit einer Schutzschicht umgeben, die in kaltem Wasser unlöslich ist. Im anschließenden Mischprozeß wird 199 polierten Reiskörnern ein Premix-Korn beigefügt. Während des Kochens löst sich sein Schutzüberzug und gibt die Vitamine und Mineralien frei.

Kautschuk. Dem thailändischen Gouverneur Phya Rasada Nupradist fällt das Verdienst zu, 1901 *Hevea*-Samen aus Malaya in die Trang-Provinz eingeführt zu haben. Einige der Samen gelangten auch nach Südostthailand, wo bei Chanthaburi eine Versuchspflanzung angelegt wurde. Heute dehnen sich die Kautschukhaine Thailands über eine Fläche von 3500 km^2 aus. Thailand ist nach Malaysia und Indonesien der drittgrößte Roh-

gummiproduzent der Erde und deckt rund ein Achtel des Weltbedarfs. Über 3 Millionen Thai, darunter viele Muslime, sind mit der Gewinnung von Gummi beschäftigt.
Im Gegensatz zu anderen Ländern, in denen Großplantagen die Regel sind, stammen 90 Prozent des thailändischen Kautschuks aus den 300000 Kleinbetrieben, die zwischen 32 a und 3,2 ha groß sind. Die Latexgewinnung bringt den Bauern willkommene regelmäßige Einnahmen, obwohl die Erträge wegen der Überalterung der Bäume im allgemeinen niedrig sind. Im Durchschnitt gewinnt man pro Baum jährlich nur 80 kg Latex, der im Gebiet selbst zu Rohgummi verarbeitet wird. Zuerst wird das Koagulat durch eine von Hand betriebene Walze in dünne Gummiblätter gerollt. Durch Nachstellen der Rollen kann das Blatt auf ungefähr 0,3 cm Dicke gepreßt werden. Um den Rohgummi vor Pilzbefall zu schützen, wird er geräuchert. Dieser ganze erste Arbeitsprozeß dauert acht bis zehn Tage. Die veralteten Verarbeitungsmethoden der Kleinpflanzer vermindern die Rohgummiqualität, so daß über 70 Prozent der Produktion zu niedrigen Preisen der Qualitätsklassen 3 bis 5 verkauft werden müssen (1 bedeutet die beste, 5 die schlechteste Qualität).
Die Arbeit der in der Gummiproduktion tätigen Bauern umfaßt drei verschiedene Tätigkeiten:

- das Pflanzen und Pflegen der Jungbäume bis zur beginnenden Latexentnahme
- die Latexgewinnung
- die Verarbeitung der gewonnenen Flüssigkeit zum exportbereiten Rohprodukt.

Die Bäume einer Anbaufläche sind meistens gleichaltrig. Als perennierende Pflanze kann die *Hevea* erstmals fünf bis sechs Jahre nach dem Anpflanzen angezapft werden. Es ist nicht möglich, den Bäumen jederzeit nach Belieben und Bedarf Latex zu entnehmen. Eine Anpassung der Anbaufläche an momentane Bedürfnisse ist deshalb ausgeschlossen. Während der folgenden 20 bis 25 Jahre wird dem Stamm regelmäßig Latex entnommen. Dann sinken die Erträge rasch ab, und die alten Bäume müssen ersetzt werden. Wenn der Kleinbauer aus Unkenntnis seine Pflanzung unsorgfältig bewirtschaftet, nimmt der Baumbestand Schaden. Teure Neupflanzungen, die diesen Schaden wiedergutmachen sollen, beginnen sich aber erst nach Jahren auszuzahlen. Im Gegensatz zu anderen landwirtschaftlichen Produkten, für die bestimmte Erntezeiten typisch sind, kann der Latex das ganze Jahr hindurch gewonnen werden. Damit der Ertragswert möglichst hoch wird, muß sich der Bauer aber auch in der Technik der Latexverwertung auskennen, weil sonst die Rohgummiqualität leidet.
Zur Verbesserung der Methoden für die Rohgummigewinnung stehen Angestellte der Rubber Division Ratsuchenden mit ihrer Erfahrung zur Seite, und das Rubber Research Centre bei Hat Yai dient seit 1967 als zentrale Forschungsstätte. Alte Bestände sind abgeholzt worden, und dem Rat von Sachverständigen folgend hat man eine Fläche von über 1100 km² mit jungen *Hevea*-Bäumen bepflanzt. Kleinunternehmer werden zur Zusammenarbeit in genossenschaftlichen Verarbeitungszentren ermuntert, in denen die Rohgummiqualität entscheidend verbessert werden kann. Bis 1972 sind sechs Blockgummi-Fabriken mit einer Jahreskapazität von 16000 t in Betrieb genommen worden. Sie liefern den «Thai Tested Rubber», den Gummi mit der speziellen Gütemarke.
Die Gummizapfer (tapper), die für das Rubber Research Centre bei Hat Yai tätig sind, beginnen mit dem Anritzen der *Hevea*-Stämme noch bei voller Dunkelheit kurz nach vier Uhr. Die Luft ist zu dieser Tageszeit noch angenehm kühl, doch belästigen schon unzählige Stechmücken die Arbeiter. Beide Hände des «tapper» müssen zum Anritzen des Stammes frei sein. Er trägt deshalb eine Stirnlampe, die von einer am Gürtel getragenen Batterie gespeist wird. Zuerst kratzt der Gummisucher die verklebte, alte Schnittstelle aus. Dann leitet er mit einem

kräftigen Spiralschnitt den neuen Latexfluß ein. Nach der sorgfältigen Kontrolle der blechernen Sammelrinne wird der Bakelitbecher in die Auffanglage umgeklappt, und bald tropft die milchige Flüssigkeit in das kleine Gefäß. Mit gut eingeübten Handgriffen kann ein flinker «tapper» – oft sind es auch Frauen – bis kurz nach Morgengrauen gegen 200 Bäume vorbereiten. Nach zwei bis drei Stunden versiegt der Latexfluß. Sammler ziehen dann von Baum zu Baum und leeren den Topfinhalt in große Behälter. Damit die am Baum befestigten Becher nicht beschmutzt werden, steckt man sie, nachdem man sie ausgeleert hat, mit der Öffnung nach unten in den Halter, bis am nächsten Morgen der Stamm wieder angeritzt wird. Um 9.30 Uhr erreichen die Träger die Verarbeitungsstelle. Hier schütten sie den Latex durch ein Sieb in die bereitstehenden Kannen. Ein Kontrolleur mißt mit dem Aräometer das spezifische Gewicht, um eventuelle Verdünnungen zu entdecken. Dann wird die Flüssigkeit durch ein zweites Sieb in einen Aluminiumtank gegossen, der durch Trennlamellen unterteilt ist. Nun fügt man dem Latex Zucker zu, und zwanzig Stunden später kann das verfestigte Koagulat mit einer Fräse zersägt werden. In einem Zerhacker zerkleinert man dann die Stücke noch weiter, bevor sie zum Trocknen auf 100 °C erhitzt werden. Nach vier Stunden entnimmt man dem Trocknungsofen braune, körnige Gummimassen. Arbeiter wägen daraus Blöcke von 75 englischen Pfund ab, pressen sie und verpacken dann den Blockgummi in Plastiksäcke. Bis zum Versand an die Firma Firestone in Bangkok wird das Rohmaterial im Lagerhaus gestapelt.

Export von Rohgummi

Jahr	Exportmenge in 1000 t	Exporteinnahmen in Millionen Baht
1975	349	3474
1976	390	5297
1977	425	6163
1978	470	8030
1979	540	12351

Bauern, deren *Hevea*-Haine zu weit weg von der Verarbeitungsstelle liegen, lassen den Latex in eigenen Anlagen gerinnen und walzen das Koagulat selber zu Gummiblättern aus, die nachher in der Fabrik aufgerauht, zerhackt und anschließend getrocknet werden.

Forstwirtschaft

Teak (Tectona grandis) und *Yang (Dipterocarpus alatus)* bilden die wertvollsten Holzreserven Thailands. Beide gedeihen auf weiten Gebieten des Landes. Die wirtschaftlich bedeutendsten Teakholzbestände sind in den großen Wäldern des Nordens zu finden, nördlich von 17° Breite. Yang ist ein Hartholz, das die besten Wachstumsbedingungen im feuchtwarmen Malakka-Anteil Thailands findet. Qualitativ minderwertiges Yang-Holz wird zu Brennzwecken verkauft oder zu Holzkohle verarbeitet. *Takhian (Hopea odorata)* ist von heller, gelbbrauner Farbe. Wegen seiner Widerstandsfähigkeit gegenüber Witterungseinflüssen ist dieses Holz für die Bootsherstellung und den Bau von Brücken in Thailand sehr gefragt. *Rattan* ist die Sammelbezeichnung für tropische Lianen. Dank großer Schmiegsamkeit und Elastizität ersetzt Rattan vielfach Seile und Taue. Lianen gedeihen vor allem im feuchtwarmen Dickicht immergrüner Regenwälder und in Sumpfwäldern. Die tropischen Wälder der Malakka-Halbinsel sind besonders reich an Schlingpflanzen. Die Einheimischen reißen die mächtigen Lianen von den Urwaldriesen, schneiden die Stränge auf vorbestimmte Längen von ungefähr 6 m und verkaufen sie in Bündeln zu hundert Stück. Vor dem Zweiten Weltkrieg war Singapur der Großabnehmer für thailändischen Rattan. Die reichsten *Bambus*-Vorkommen finden sich im burmesischen Grenzgebiet. Bambus spielt im lokalen Gewerbe eine bedeutende Rolle. Bambusfibern werden zu Hauswänden geflochten oder zu Körben verarbeitet. Im Hausbau verwendet man Bambus als Stützpfeiler, und dank seiner Widerstandsfähigkeit und Elastizität eignet er sich ausgezeichnet zur Herstellung

von Gerüsten für Hochhäuser und Brücken. Bambussprosse hingegen sind Leckerbissen auf dem thailändischen wie auf dem chinesischen Speisezettel.
Teak. Teakholz ist neben Reis und Gummi ein weiteres wichtiges landwirtschaftliches Industrieprodukt Thailands. Da es hart und widerstandsfähig gegen Feuer ist und im Gegensatz zu anderen Harthölzern das Eisen nicht korrodiert, wird es für den Bau von Schiffen verwendet. Es ist verwitterungsbeständig und widersteht dem Termitenfraß. Großabnehmer von Teakholz sind die Möbelfabriken Europas und der Vereinigten Staaten. Damit die wertvollen Bestände nicht dem Raubbau zum Opfer fallen, wird Teak durch das Forstgesetz geschützt. Das Fällen von Teakbäumen unterliegt der Bewilligungspflicht, und die Holzausbeutung ist weitgehend Monopol der Regierung. Ungefähr 13 Prozent der Teakproduktion werden im Lande selber verwertet.
Im Norden werden die Bäume mit einem Stammdurchmesser von ungefähr 60 cm geschlagen. Beim Fällen werden seit eh und je Axt und Säge verwendet; Kettensägen sind, obwohl sie größere Arbeitsgeschwindigkeit aufweisen, nur selten in Betrieb. Vorerst werden die Stämme mit einer Axt «gegürtelt», d.h. man kerbt knapp über dem Boden eine ringartige Vertiefung in die Rinde. Der Baum trocknet dann langsam aus und stirbt ab. Zwei Jahre später werden die Bäume mit Hilfe von Elefanten gefällt, dann von den Forstarbeitern entästet und zersägt. Über Steilhänge läßt man die schweren Stämme in die Verebnung hinunterrollen, und dort werden sie von Elefanten zu den Flüssen, an die Straßen oder zu den Transportbahnen geschleppt. Manchmal erstellt man auch Rutschbahnen, die mit Holz ausgekleidet sind und ein gezieltes Abgleiten der Stämme erlauben. Im gebirgigen Gelände ist der mechanische Transport auch heute noch unrentabel. Arbeitselefanten oder andere Zugtiere sind dort unentbehrlich. In den Ebenen des Ostens und im Süden dagegen setzt man mit gutem Erfolg Traktoren und Raupenschlepper ein. An den Stapelplätzen werden neben modernen Winden und Flaschenzügen auch Elefanten zum Aufschichten der Baumstämme und zum Beladen der Wagen verwendet.
Der Abtransport zum Verarbeitungsort erfolgt auf dem Wasser- oder auf dem Landweg. Für den Landtransport gelangen schwere Lastwagen, Sattelschlepper oder Eisenbahnwagen, die von alten Dampflokomotiven gezogen werden, zum Einsatz. Rationeller, wenn auch langsamer, ist das Flößen. Auf Strecken mit größerem Gefälle hat man Stauschwellen errichtet. Die Stämme werden von einer Stufe zur anderen befördert, indem das Wasser jeweils in der nächsten abgedämmten Flößstrecke aufgefangen wird. Wenn das Wasser im oberen Bereich abgelassen wird, werden auch die Stämme mittransportiert. Auf ruhigeren Flußläufen läßt man die Flöße von der Strömung nach Süden treiben. Vor dem Erreichen von Stromschnellen muß der Floßverband aufgelöst werden, und die Stämme passieren die Engstelle einzeln. Zwei Orte haben sich zu eigentlichen Flößzentren entwickelt: Es sind dies Tak, Sammelpunkt der Holzflöße vom Mae Nam Ping und vom Mae Nam Wang, sowie Sawankhalok für den Holztransport auf dem Mae Nam Yom.
Die einzelnen Großflöße bestehen aus 150 bis 350 Stämmen, die – zu zehn bis zwölf nebeneinander gelegt – in Gruppen verbunden werden. Man koppelt sie mit Rattanseilen eng zusammen, jedoch so, daß das Großfloß beweglich und steuerbar bleibt. Am Bug, wo die Stämme wie beim Heck straffer zusammengebunden sind, errichtet man ein Ankerspill; am Heck sind zwei Paddel plaziert. Zur Ausrüstung gehören auch Bambusstangen, einige Ankerhölzer, 300 bis 400 Rollen Rattantaue, ein kleines Boot und zwei Staken. Auf jedem Floß stehen zwei Mannschaftsbaracken und ein Ausguckturm. Fünf geübte Flößer, die mit Nahrungsmitteln für mindestens zehn Tage ausgerüstet sind, lenken und kontrollieren das mächtige Floß, das mit der Strömung flußabwärts treibt. Nach dem Start wird das Floß um 180° gedreht, so daß

das ursprüngliche Heck nach vorn gerichtet ist. Dort sitzt ein Flößer, der sich bemüht, durch Paddeln die Strömung auszugleichen. Ein zweiter Mann überwacht die Fahrt vom hinteren Steuer aus. Beide zusammen versuchen, die untereinander verbundenen Stämme auf richtigem Kurs zu halten. Das dritte Besatzungsmitglied muß je nach Bedarf die Rattanverbindungen lockern oder ganz lösen. Der vierte Arbeiter ist für die Bedienung des Ankers verantwortlich, der an langen Rattanseilen am Floßende befestigt ist. Der letzte Mann hat die Aufgabe, durch Staken Seitenkollisionen zu vermeiden. Wenn die Fahrt verzögert werden soll oder wenn man anhalten will, muß ein Flößer ins Wasser springen, um den Anker im Flußbett oder am Ufer zu befestigen. Der am Anker stehende Mann läßt die Seile allmählich auf die erforderliche Länge ablaufen. Die Mannschaft muß gut aufeinander eingespielt sein. Unfälle sind nicht selten; bei unvorsichtiger Arbeitsweise kann der Kabelentroller erdrosselt werden. Bei zu brüskem Stoppen besteht die Gefahr, daß der Floßverband reißt und die Stämme dann einzeln dahintreiben. Holzdiebe versuchten früher oft, die Rattanseile zu kappen und sich der forttreibenden Stämme zu bemächtigen. Heute werden die Flößstrecken überwacht, so daß Holzdiebstähle kaum mehr vorkommen.

Hauptflößzeiten sind die Monate Juli und August, die Zeit der anschwellenden Flüsse, sowie November und Dezember, die Zeit der sich abschwächenden Hochflut. Wegen der starken Strömung ist die Hochflut in den Monaten September und Oktober gefährlich. Während früher die Transportzeit für Teakholz aus dem Norden nach der Hauptstadt fünf Jahre betragen konnte, dauert die Flößzeit in neuerer Zeit kaum mehr als drei Jahre. Bekannt ist allerdings ein Einzelfall, bei dem das Floß zwölf Jahre unterwegs war, bevor es endlich Bangkok erreichte. Um die Transportdauer abzukürzen, werden manchmal Flöße mit Schleppern von Nakhon Sawan nach Bangkok gezogen. Auf der langsamen Fahrt wird das Holz an verschiedenen Kontrollpunkten der Regierung von Beamten ausgemessen. In Bangkok wird das Floß aufgelöst und die Stämme werden verkauft. Diese werden in den am Fluß gelegenen Sägemühlen zugeschnitten oder unverarbeitet von Holzhändlern gekauft.

Bodenschätze

Überblick über die geologischen Verhältnisse. Ablagerungen von Kalken, die auf Sandstein liegen und durch den Schock von Gebirgsfaltungen gebrochen oder gefaltet wurden, prägen das geologische Bild weiter Teile Thailands. Längs der Bruchlinien vermochten magmatische Massen emporzudringen, die in der Tiefe zu Granit, in höheren Lagen zu Basalt erstarrten. Magmenintrusionen sind besonders häufig im Süden des Landes, wo die steilen Gebirgsflanken aus erosionsresistenten Erstarrungsgesteinen als eigentliche Härtestufen das Landschaftsbild bestimmen. Wo die Eruptivgesteine in die Faltung miteinbezogen wurden, bildeten sich zinnhaltige Gneise und Schiefer. In der Umgebung von Chanthaburi und Kanchanaburi sind basaltische Ergußgesteine emporgedrungen. Durch ihre Verwitterung haben sie Anlaß zur Bildung der edelsteinführenden Ablagerungen gegeben. Altersmäßig sind die Kalke und Sandsteine dem Karbon und Devon, Zeitabschnitten des Erdaltertums, zuzuordnen. – Aktiver Vulkanismus ist in Thailand unbekannt. Erloschene Vulkane finden sich jedoch am Golf von Mouhot und in Nordthailand, und der Gipfel des Doi Angka wird als Krater eines früher aktiven Vulkans gedeutet.

Im Landesinnern kommen zahlreiche Meeressedimente mit Muschelbänken vor. Die zentrale Ebene ist durch Flußablagerungen entstanden, die den Golf von Thailand auffüllen, der einst weit nordwärts reichte. Die Verlagerung der Küstenlinie nach Süden sowie gehobene Strandterrassen lassen auf eine lang andauernde epirogenetische Hebung des Landes schließen. Gekippte Kalkbänke überragen bei Chai Nat, Phra Buddhabat und bei Krabinburi die eintönige Alluvialebene. Recht abwechslungsreich ist das geologische Bild Ostthailands. In flachen Becken, die nur von einer dünnen Schicht Anschwemmungsmaterial überlagert sind, ist Laterit aufgeschlossen. Niedrige Bergketten aus Kalk und rotem Sandstein sind als aufgepreßte, teilweise leicht gefaltete Beckenränder anzusprechen. Der Kalk enthält hohe Anteile Quarz und Kalzit.

Vorkommen von Bodenschätzen. Leicht zugängliche Bodenschätze sind den Thai seit langem bekannt. Kleinere Kupfer- und bedeutende Zinnlager wurden schon in der Frühzeit Thailands ausgebeutet und die Metalle zu Bronze verarbeitet. Die Vorkommen von Vieng Pa Pow lieferten das hierfür erforderliche Zinn. Dschungelbewohner kannten lokale Lagerstätten, die heute in Vergessenheit geraten sind. In Südthailand kannte man Zinnmünzen als Zahlungsmittel, während später im Norden Zinn und Kupfer hauptsächlich zu kunsthandwerklichen Zwecken verwendet wurden. Das gewonnene Eisen dagegen diente im ganzen Lande zur Herstellung von landwirtschaftlichen Geräten und Waffen.

Zur Zeit der Segelschiffahrt pflegten chinesische Seefahrer in den ruhigen Buchten der Insel Phuket zu ankern. Sie suchten hier Schutz vor Wirbelstürmen oder luden ihre Güter für den Landtransport Richtung Osten um. Viele der zahlreichen Chinesen auf Phuket sind Nachkommen von Händlern, die auf dieser thailändischen Insel ihren angestammten Beruf aufgaben und statt dessen in den Zinnminen ihr Auskommen fanden. Von den bekannten Mineralien Thailands werden lediglich Zinn und Wolfram auf breiter Basis ausgebeutet und exportiert. Lokale Verwendung finden Eisen, Mangan, Antimon, Lignit, Kalke, Mergel und Gips. Kochsalz, wesentlicher Bestandteil der Ernährung und Rohstoff in der chemischen Industrie, wird meistens durch Verdunsten von Meerwasser gewonnen. Jährlich werden ungefähr 70000t Salz für die Lebensmittelkonservierung gebraucht (hauptsächlich zum Einsalzen von Fischen) und dazu 75000t in der chemischen Industrie verarbeitet. Rund 100000t Kochsalz werden jährlich nach Malaysia, Singapur, Indonesien und Hongkong exportiert.

Thailands Energieversorgung hängt heute fast ausschließlich vom Ausland ab. Da Erdöl der absolut beherrschende Primärenergieträger mit einem Anteil von 85 Prozent des gesamten Energieverbrauchs ist, beeinflußt die sprunghafte Verteuerung auf dem Weltölmarkt die Handelsbilanz negativ: Von 1970 auf 1980 verzehnfachte sich die wertmäßige Einfuhr von Erdöl und Erdölprodukten und erreichte nahezu ein Fünftel des gesamten Importwertes. Es ist deshalb verständlich, daß Thailand die Prospektion nach Erdöl und Erdgas fördert. Im Distrikt Fang, 170 km nördlich von Chiang Mai, fand man kürzlich bedeutende Ölsandvorkommen, und im Nordosten ist man auf Ölschieferlager gestoßen, die aber hoher Erschließungskosten wegen noch nicht ausgebeutet werden. Statt dessen sollen weitere Ölraffinerien erstellt werden, um in Zukunft billigeres Rohöl an Stelle bereits verarbeiteter Erdölprodukte einführen zu können. Verschiedene Großkonzerne haben Bohrungen im Golf von Thailand und in der Andamanen-See vorgetrieben, wobei die «Texas Pacific» und die «Union Oil» umfangreiche Erdgaslager entdeckt haben, die für die nächsten zwanzig Jahre eine Tagesproduktion von 750 Millionen Kubikmeter gewährleisten sollen. Die kommerzielle Förderung soll 1981/82 einsetzen. Das Erdgas wird dabei über eine 600km lange Fernleitung nach Bangkok geführt, wo es vorerst Kraftwerke speisen und später auch als Basis für eine petrochemische Industrie verwendet werden soll.

Zinn. Der wertvollste aller Bodenschätze Thailands ist das Zinnerz. Zinn wird hauptsächlich zur Herstellung von Weißblech verwendet. Konservendosen werden aus feinem Stahlblech hergestellt, das dann in ein Zinnbad getaucht und dabei mit einem korrosionsresistenten,

24 Pikieren der Reispflänzchen. Im Mai ziehen schwere Regenwolken auf, und die Monsunniederschläge setzen ein. Die aufgeweichten, brachliegenden Felder werden gepflügt, geeggt und für den Anbau vorbereitet. Fünf bis sechs Wochen nach der Aussaat werden die jungen Reispflänzchen pikiert; man verpflanzt sie vom Saatbeet in die vorbereiteten Felder. Die Arbeit ist mühsam, und Stechmücken plagen die Bauern. Während sie bis zu den Knien eingesunken im aufgeweichten Boden stehen, können sie von Hakenwürmern befallen werden. – Schon nach kurzer Zeit verwandelt sich die vorher schmutzigbraune Morastlandschaft in eine zartgrüne, gemusterte Fläche.

25 Ausgetrocknete Schwemmlandebene nach der Ernte. Während der heißen, regenlosen Zeit trocknet der Boden aus, und die Stoppelfelder erwecken den Eindruck einer öden Landschaft. Kanäle und Flüsse führen Niedrigwasser oder sind ganz versiegt. Wichtige Arbeiten können nicht ausgeführt werden, und auch die Kinder genießen die Zeit, indem sie die geduldigen, nunmehr arbeitslosen Wasserbüffel bewegen. An den hohen, schlanken Zuckerpalmen hängen apfelgroße Früchte, die man auspreßt. Ihr Saft wird sodann über dem Feuer eingedickt und ergibt einen ausgezeichneten Fruchtzucker, der zum Süßen der Speisen verwendet wird.

26 Reisdreschen in Nordthailand. Der Reis wird auf einem eingeebneten, trockenen Platz gedroschen. Haustiere trampeln die Körner aus, oder man schlägt die Reisbüschel über Holzbretter. Der Passatwind erleichtert das anschließende Worfeln, bei dem die Körner von der Spreu getrennt werden.

27 Reisernte mit der Sichel. An den meisten Orten werden die Halme der Reispflanzen mit Sicheln geschnitten, zu kleinen Garben gebunden und auf Karren oder Schlitten zum Dreschplatz gefahren. Malaiisch beeinflußte Erntemethoden kennt man auf der Malakka-Halbinsel, wo die Rispen mit einem Messer geschnitten werden.

28 Erntearbeiterinnen im Khorat-Plateau. Mit der Ernte setzt eine äußerst arbeitsintensive Zeit ein. Das Schneiden der Halme ist meistens Gemeinschaftswerk, was die Erledigung der Arbeit binnen kürzester Zeit ermöglicht und zudem vielen Frauen eine willkommene Verdienstmöglichkeit bietet. Um sich vor der intensiven Sonnenbestrahlung zu schützen, tragen die Schnitterinnen unter mächtigen Strohhüten zusätzlich noch Kopftücher.

29 Elefanten-Festival in Surin. Viele der 12000 in Thailand eingesetzten Arbeitselefanten werden im Khorat-Plateau gezähmt und in eigentlichen Schulen auf ihren Einsatz in der Forstwirtschaft vorbereitet. Alljährlich führen die Züchter ihre geschicktesten Tiere in einer eindrücklichen Schau vor. Das Elefanten-Festival von Surin, 500 km nordöstlich von Bangkok, ist nicht nur das große Jahresereignis für die Lokalbevölkerung, sondern auch eine Touristenattraktion ersten Ranges. Das Bild zeigt den Aufmarsch der Elefantentruppe, die früher vor allem im Kampf gegen die Khmer eingesetzt wurde. Bogenschützen saßen damals auf dem Rücken der Tiere, während das Fußvolk geschützt zwischen den Leibern der Dickhäuter vordrang.

30 Zwei angehende Lehrer beim Bambustanz in Surin. Der Tanz mit den Bambusstangen stammt aus Nordostthailand und erinnert an ähnliche Volkstänze auf den Philippinen. Er verlangt von den Ausführenden große Geschicklichkeit, denn die Bambusrohre werden von zwei Helfern in schnellem Rhythmus auseinanderbewegt und wieder zusammengeschlagen. Die Tanzenden hüpfen im Takt der bewegten Stangen leichtfüßig in die Lücke und wieder heraus. Ein einziger Rhythmusfehler könnte zur Folge haben, daß die Tänzer sich an den Fesseln verletzen.

26

27

30

ungiftigen Mantel überzogen wird. Über 40 Prozent des Weltverbrauchs an Zinn werden für diese Schutzüberzüge verwendet. In den Vereinigten Staaten verbraucht die Verpackungsindustrie sogar 60 Prozent des eingeführten Zinns.
Gehämmert und dünn ausgewalzt dient Zinn als Folie. Als Zusatz in Amalgamlegierungen wird es für Zahnfüllungen verwendet. Im Druckereigewerbe braucht man Zinn zusammen mit Antimon und Blei im Satzguß. Zinnhaltige Phosphorbronze ist so korrosionsresistent, daß sie von Salzwasser nicht angegriffen wird. Deshalb wendet man diese Legierung beim Bau von Schiffen an. In vielen Industriezweigen findet Zinn als Lötmaterial Verwendung. Raumfahrzeuge werden ebenfalls aus Zinnlegierungen hergestellt, da diese Mischmetalle selbst bei Überschallgeschwindigkeit und hohen Temperaturen kaum Schaden nehmen. Auch beim Bau von Atomreaktoren kann man nicht auf Zinn verzichten.
Das Zinnerz wird an primärer, hauptsächlich aber an sekundärer Lagerstätte abgebaut. Es kommt meistens zusammen mit Granit oder Gneis vor. Der Zinnstein (Kassiterit) hat sich im Verlaufe der Erstarrung gewisser Ganggesteine gebildet. Dank seiner hohen Härte (6 bis 7 der Mohsschen Härteskala) eignet sich Kassiterit zur Anreicherung in Sanden («Seifen»); Schwemmlandebenen sind denn auch die Hauptquelle für die Gewinnung der Zinnkörner. Die bedeutendsten Fundstellen liegen an der Westküste der Malakka-Halbinsel bei Phuket, Takua Pa, Phangnga, Ranong und Trang, an der Ostküste bei Nakhon Si Thammarat, Songkhla, Yala, Surat Thani, Chumphon und Prachuap Khiri Khan. Weitere Lagerstätten befinden sich in Nordthailand und in der zentralen Ebene.
In Thailand wie auch im benachbarten Malaysia kann Zinnerz nur selten an primärer Lagerstätte abgebaut werden. Der Stollenbau setzt aber, da er sehr kostspielig ist, einen hohen Zinngehalt voraus. Erzhaltige Gänge müssen über ein Prozent Zinn enthalten, damit der Abbau wirtschaftlich verantwortet werden kann. Das Gestein muß mit Preßluftbohrern angebohrt und nachher gesprengt werden. Anschließend bricht man es über Tag und trennt das Zinn vom tauben Material. Ein Beispiel für das Abbauverfahren unter Tag finden wir in Sungai Lembing (Pahang, Malaysia).
Was sekundäre Lagerstätten anbelangt, so liegt das Abbaumaterial sortiert und angereichert in den Flußablagerungen. Seifen enthalten im Gegensatz zu den zinnführenden Quarzgängen nur 1 bis 2 kg Zinn pro Kubikmeter; der Abbau ist aber bereits ab 0,01 Prozent Gehalt lohnend. Die wohl älteste Art der Zinngewinnung ist bei den Chinesen unter dem Begriff Dulang Washing bekannt; hierbei schürfen Frauen, durch mächtige konische Strohhüte vor der Sonne geschützt, in den Aufschwemmungen und trennen die schwarzen Zinnkörner mit einfachsten Waschmethoden vom tauben Material. Wie in den frühen Tagen des Goldwaschens wird dabei das mit Wasser durchsetzte Material seiner verschiedenen Schwere entsprechend in Wannen sortiert.
Größere chinesische Unternehmen geben meistens hydraulischen Methoden den Vorzug, bei denen das zinnhaltige Material mit Wasserstrahlgeräten von der ockerfarbenen Abbauwand abgespritzt wird. Die Aufschlämmung sammelt sich am tiefsten Punkt zu einem künstlichen Weiher, aus dem sie anschließend durch kräftige Pumpen auf hohe Bambusbühnen – Palong genannt – gehoben wird. Vom höchsten Punkt des Palong fließt die Aufschlämmung auf einer leicht geneigten Ebene in breiten Holzrinnen nach unten. Beim Schlämmvorgang bleiben die wertvollen, schwereren Zinnkörner hinter kleinen Schwellen liegen, während die leichteren Sandkörner zusammen mit Schlamm und Erde in die tiefer gelegenen Auffangbecken geschwemmt werden. Unterbrechungen im Schlämmen werden dazu benützt, die Kassiteritkörner hinter den Schwellen herauszulesen. Eine offene Zinngrube kann über zehn Jahre

genutzt werden, bis sie erschöpft ist. Dann müssen neue Schürfgründe gesucht werden. Zurück bleiben tiefe Gruben, die das Landschaftsbild verunstalten.
Das Baggern nach Zinnerz ist die wirtschaftlichste, aber auch die kapitalintensivste Abbaumethode, die vor allem in Sumpfgebieten oder in seichten Buchten angewendet wird. Meistens können sich nur überseeische Firmen dieser Methode bedienen, bei der schwere Schwimmbagger (dredges) das zinnhaltige Material mit einer Leistung von über 650 m^3 in der Stunde abbauen. Die Baggerschaufeln aus widerstandsfähigem Manganstahl graben sich tief in den schlammigen Untergrund. Eine erste Anreicherung des geförderten Materials geschieht im Flutverfahren auf dem Schwimmbagger; dabei kann Meerwasser oder das Wasser des Tümpels ohne weiteres zum Schlämmen verwendet werden.
In der Bucht von Kammara sind illegalerweise auch Einheimische in der Zinnschürfung tätig. Auf überdachten Kleinfloßen haben sie einfache Rollenvorrichtungen montiert, mit denen sie Körbe voll zinnhaltigem Schlamm vom seichten Grund heben. In der Längsachse des Bootes befindet sich eine leicht geneigte Schlämmrinne, durch die das Material geflutet wird. Mit kleinen Motorbooten wird das angereicherte Fördergut an die nahe Küste befördert und dort in kleinen Öfen, die als Strandhütten getarnt sind, geschmolzen und über die Grenze nach Malaysia geschmuggelt. Wegen der enormen Nachfrage erreichte die Zinnerzförderung während des Zweiten Weltkrieges Rekordergebnisse. Nach einer merklichen Baisse in den fünfziger Jahren erholte sie sich bis heute wieder in erfreulichem Maße. Die Zukunft der Zinnproduktion hängt weitgehend vom International Tin Council (ITC) ab, der die Fördermenge der einzelnen zinngewinnenden Länder bestimmt und dadurch preisregulierend auf den Weltmarkt wirkt. Durch das Erschließen neuer Abbaugebiete vor allem in primären Lagerstätten und durch die Überarbeitung der Deponien können weitere Reserven freigelegt werden.

Thailand war 1980 nach Malaysia der zweitgrößte Zinnexporteur und erzeugt über 10 Prozent der Weltproduktion. Abnehmer des thailändischen Zinns sind die Niederlande, die Vereinigten Staaten und Japan.

Jahr	Zinnkonzentrate Produktionsmenge in 1000 t	Exportmenge in 1000 t	Exporteinnahmen in Millionen Baht
1974	27,8	20,3	3071
1975	22,4	16,0	2247
1976	27,9		2973
1977	33,0		4542
1978	41,2		7229
1979	46,4	32,5	9252
1980	46,0	33,4	11000*

* geschätzt

Nach der ersten Anreicherung am Abbauort wird das Erz von unerwünschten Beimineralien gesäubert und anschließend zu den Schmelzöfen transportiert, die sich bis 1965 fast ausschließlich in Malaysia und Singapur befanden. Durch die Errichtung einer modernen Zinnraffinerie im Distrikt Laem Pan Wa auf der Insel Phuket ist es möglich geworden, die Wertschöpfung vermehrt im eigenen Lande durchzuführen. Die erste Zinnschmelze Thailands liegt unweit der Fundstätten an einer wunderschönen Korallensandküste, die mit Palmen bestanden ist. Eine weitere Raffinerie, die Erze aus Nord- und Zentralthailand verarbeitet, ist im Februar 1981 in Pathum Thani in Betrieb genommen worden. Ein zusätzlicher Schmelzofen ist in Phuket in Planung.
Edelsteine. In Südostthailand werden seit Jahrhunderten bei Trat und Chanthaburi Edelsteine ausgebeutet, bei denen es sich hauptsächlich um Rubine und Sternsaphire, ferner um Spinelle und Achate handelt. Die besten und ergiebigsten Fundstellen liegen jedoch bei Phai-lin. Diesen Distrikt mußte Thailand 1907 vorerst provisorisch, 1947 dann aber definitiv der Kolonialmacht Frankreich abtreten. Als die Franzosen abzogen, blieb

das Gebiet bei Kambodscha. Deshalb beuten heute Khmer die qualitativ hervorragenden Saphir-Lagerstätten aus. Viele dieser wertvollen Edelsteine werden über die Grenze geschmuggelt und finden illegal den Weg nach Bangkok, wo sie verarbeitet werden.

Die thailändischen Edelsteinminen von Bo Phloi liegen 35 km nördlich von Kanchanaburi. Obwohl Burmesen und Angehörige des Schan-Stammes hier schon lange nach Edelsteinen gesucht hatten, wurden die Thai erst 1921 auf die Vorkommen aufmerksam, die sich im rotverwitterten Abtragungsmaterial am Fuße niedriger Hügel befinden und hauptsächlich schwarze Spinelle enthalten. Auch die am Mekong bei Chiang Khong liegenden Spinell- und Korundminen wurden seit 1890 durch burmesische Schan-Leute ausgebeutet, sind aber schon 1920 aufgegeben worden. Die jüngsten Fundstätten wertvoller Korunde liegen in Basalten bei Muang Long in der Provinz Phrae. Weitere Edelsteinvorkommen befinden sich in Wiang Sah und in der Umgebung von Tak in Nordthailand.

Die Edelsteine werden mit primitiven Methoden in der Nähe der Erdoberfläche gewonnen, wobei man keinerlei mechanische Hilfsmittel verwendet, sondern viele billige Arbeitskräfte einsetzt. Beim Besuch der einfachen Minen werden Erinnerungen an die Goldgräberzeit in Kalifornien wach. Ein Unterschied besteht allerdings: Im Jahre 1849 gab es noch keine plärrenden Transistorradios zur Unterhaltung der Glücksritter während ihrer mühsamen Arbeit!

Die «romantische Art» der Edelsteinsuche in Flußbetten wird in Thailand nur noch selten praktiziert, und wenn, dann folgendermaßen: Die Flußsedimente werden hinter quer zum Flußbett errichteten Dämmen aus Rutenwerk und Baumstämmen zurückgehalten, die Ablagerungen systematisch durchwühlt und sorgfältig nach angeschwemmten Edelsteinen durchsucht.

Die Vorkommen von Chanthaburi liegen in Flußalluvionen; zersetzter Basaltschotter bildet am Phu Kao Ploy («Saphirberg») den Edelsteinträger. Bedeutender als diese Vorkommen sind jedoch die Rubin- und Sternsaphirlagerstätten von Nong Bon im malariaverseuchten Waldgebiet des Hinterlandes von Trat. Hier arbeiten Tausende von Leuten, die ihr Glück machen wollen. Sie haben den dichten Dschungel im abgelegenen Hügelland mit viel Mühe gerodet und sich dann behelfsmäßige Unterkünfte errichtet. In Zelten oder in einfachen Holzbauten wohnen selbst kinderreiche Familien in einem einzigen, düsteren Raum. Eine primitive Kochstelle befindet sich vor der Behausung. Wasser ist in der Trokkenzeit rar und daher sehr kostbar. Es muß in schweren Zisternenwagen herbeigeführt werden. Einige Bananenstauden liefern frische Früchte; doch der Großteil der Nahrung wird mit Lastwagen aus Trat oder Chanthaburi geholt. Der Nordostpassat wirbelt Wolken von rotbraunem Staub über die Rodungsinseln, und die Sonne brennt auf die baum- und schattenlose Landschaft. Ein völlig verändertes Bild bietet das Minengebiet während der Zeit des Sommermonsuns. Heftige Gewitterregen prasseln dann in rascher Folge nieder und verwandeln den fußhohen Staub in eine gefährlich glitschige Lehm- und Tonschicht. Nong Bon ist dann zeitweise von der Umwelt abgeschnitten.

Die zahlreichen Wassertümpel sind Brutstätten für lästige Stechmücken, die Überträger der Malaria. Diese Krankheit ist unter den Edelsteinsuchern stark verbreitet. Die heftigen Fieberanfälle im feuchtheißen Klima schwächen die Arbeiter, die trotzdem weiter graben müssen. Ärztliche Pflege fehlt, und die Medikamente sind teuer. Mit Sehnsucht wird die Zeit des Nordostpassates erwartet. Sie schafft wohl leichtere Lebensbedingungen, ist aber wegen der Trockenheit und wegen des Staubes ebenso ungesund wie die vorhergehende Periode.

Lungenschäden und Rheumatismus gehören neben Malaria zu den häufigsten Krankheiten, an denen die Edelsteinsucher leiden.

Wer sein Glück versuchen will und die nötigen Gebühren zahlen kann, pachtet sich ein Stück Land zum Ausbeuten – einen Claim. Um die Unkosten so niedrig wie möglich zu halten, setzt der Besitzer des Claims mit Vorteil seine Familienangehörigen als Arbeitskräfte ein, denn wenn er einen Aufseher und fremde Arbeitskräfte hinzuziehen muß, riskiert er, daß ein beträchtlicher Anteil der Funde «fliegt». Dieser Fachausdruck bedeutet, daß der Arbeiter seinen Fund verheimlicht – so beispielsweise verschluckt – und ihn später unter der Hand einem Zwischenhändler oder einem Edelsteinschleifer in der Stadt verkauft. Chinesische Aufseher überwachen ihre Angestellten zwar mit Sperberaugen, aber auch sie können nicht jedes «Fliegen» verhindern. Sie sitzen, Feldherren gleich, auf Erdhügeln unter einem Sonnenschirm und tragen trotz der drückenden Hitze städtische Kleidung. Auf einem Tischchen steht häufig ein Transistorradio, das mit thailändischer und chinesischer Schlagermusik den Bewacher der schwitzenden Arbeiter unterhält.
Die produktive Schicht liegt unter einer ungefähr 10 m mächtigen weichen Lehmschicht. Um zu den Edelsteinen zu gelangen, graben die Leute mit Pickel und Schaufel einen quadratischen Schacht, der eine Öffnungsweite von ungefähr einem Meter hat. Der Arbeiter, der abteuft, füllt das Aushubmaterial in Rattan-Körbe, die von Helfern über eine einfache Drehwelle hochgezogen und neben dem Loch entleert werden. Auf der Tiefe der edelsteinführenden Schicht legt der Grabende einen horizontalen Kleinstollen an, den er ebensowenig wie den Schacht abstützt. Das Aushubmaterial, das jetzt hochgezogen wird, muß sorgfältig untersucht werden. Die Sommermonate eignen sich am besten dazu, weil dann genügend Wasser vorhanden ist. Durch Waschen in kleinen, künstlich angelegten Tümpeln schwemmt man vorerst die Schlammanteile aus der geflochtenen Wanne heraus. Durch leichtes Schwingen wird der Wanneninhalt in Rotation versetzt, wobei das wertlose Material, das ein geringeres spezifisches Gewicht aufweist, an den Rand gerät. Die schweren Körner hingegen sammeln sich in der Mitte der Wanne. Diese werden sorgfältig untersucht. Edelsteine gleichen in ihrem Rohzustand schmutzigem Glas. Wer einen Edelstein entdeckt, klaubt ihn heraus und verstaut ihn glücklich in einem Säcklein.
Das Ausbeuten der Edelsteinvorkommen ist äußerst mühsam. Allein schon das Hinuntersteigen in den 10 m tiefen Schacht ist sehr strapaziös. Indem der Rücken gegen die eine Wand und die Füße gegen die andere gestemmt werden, arbeitet sich der Edelsteinsucher langsam und ruckweise in die Tiefe. Durch die Kleinstollen, die nach verschiedenen Seiten abzweigen, kann er sich nur liegend vorwärts bewegen. In der totalen Finsternis füllt er mühsam Korb um Korb mit Material, das er mit Pickel und Schaufel ablöst. Die gefüllten Rattan-Körbe muß er zum Schacht schieben, damit sie hochgezogen werden können. Erdbrocken fallen mit dumpfem Geräusch auf den feuchten Boden und versperren den ohnehin engen Durchgang. Kein Mensch hält es hier unten lange aus. Nach kurzer Zeit zwängt sich der im Stollen Tätige erschöpft und lehmverschmiert wieder ans Tageslicht. Er wird sogleich von einem Kameraden abgelöst und kann sich in der Zwischenzeit bei der leichteren Arbeit über Tag ein wenig erholen.
Der Erfolg bei der Edelsteinsuche hängt weitgehend vom Zufall ab. Im März 1973 machte in Chanthaburi einer sein Glück mit einem einzigen Rubin, für den er 10000 US-Dollar erhielt. Am selben Tage traf ich aber einen andern Edelsteinsucher, der innerhalb von zwei Jahren sein ganzes Vermögen verloren hatte und nun von seinen Freunden mit dem zum Leben Notwendigsten versorgt wurde. Zufallsfunde lassen jeweils sofort den Wert benachbarter Claims in die Höhe schnellen, und sogleich setzt ein fieberhaftes Spekulieren ein.
Seit Generationen haben Edelsteinsucher kostbare Rohsteine gefunden, doch nur selten wurden sie dement-

sprechend entschädigt. Hauptprofiteure sind die Kaufleute. Das Gewinnemachen beginnt beim Händler, der die Steine in der Mine aufkauft und sie den Edelsteinschleifern in Chanthaburi und Trat zum Verkauf anbietet. Auch diese verlangen ihren Gewinnanteil, ebenso wie jeder, durch dessen Hand der Stein in der Folge geht. Am Ende der Kette stehen die «Schlepper», welche Passanten in bestimmte Geschäfte locken.
Nachdem die Rubine oder Saphire mit einer feinen Zinnsäge zugeschnitten worden sind, werden sie geschliffen und dann unter Beifügung eines Pulvers, dessen Zusammensetzung geheimgehalten wird, auf einer Kupferscheibe poliert. Thailändische Juwelen, die hier im Ursprungsland im allgemeinen billiger sind als in Europa, gehören zu den begehrten Reiseandenken der Touristen. Da aber auch Fälschungen in den Handel gelangen, ist es empfehlenswert, die Juwelen nur in seriösen Geschäften einzukaufen. Besonders beliebt sind die sogenannten Prinzessinnenringe mit neun verschiedenen Edelsteinen, doch finden auch Rubine und Saphire guten Absatz. Der Hauptexport der meist geschliffenen, aber ungefaßten Edelsteine ist nach den Vereinigten Staaten ausgerichtet. Rund 70 Prozent der ausgeführten Steine stammen aus Chanthaburi und Trat, 5 Prozent aus Kanchanaburi. Die restlichen 25 Prozent werden im Ausland als Rohsteine gekauft, im Lande selbst bearbeitet und dann exportiert. Die Steine in geschliffener Form erreichen einen Ausfuhrwert von über einer Milliarde Baht. Die Schweiz bezog aus Thailand 1979 Edel- und Schmucksteine im Betrag von 36 Millionen Franken.

Industrie und Gewerbe

Thailands Industrialisierung hat erst in den sechziger Jahren eingesetzt. Obwohl 1980 nur 6 Prozent aller Erwerbstätigen im verarbeitenden Gewerbe tätig waren, produzierten diese doch über 20 Prozent des Bruttoinlandproduktes. In den Jahren 1974 bis 1978 hat sich die Wirtschaftsleistung Thailands verdoppelt. Wenn es im wesentlichen auch immer noch handwerkliche Kleinbetriebe sind, die agrar- und forstwirtschaftliche Produkte verarbeiten (Reismühlen, Sägereien usw.), so hat sich doch der Industriesektor in den letzten Jahren stark diversifiziert. Bedeutendste Branche ist die Nahrungsmittelindustrie, deren Anteil an der industriellen Produktion zwischen 1960 und 1978 jedoch von 34 auf 18 Prozent gefallen ist. In der gleichen Zeitspanne ist der Anteil der Textilindustrie von 5 auf 14 Prozent gestiegen. Die Aussichten erscheinen hier deshalb günstig, weil sich die früheren Konkurrenten Hongkong, Singapur und Südkorea im Zuge einer Industrieumstrukturierung verstärkt der Produktion von Gütern mit größerer Wertschöpfung zuwenden. Die eigentliche Industrieentwicklung Thailands fußt in erster Linie auf der Erstellung neuzeitlicher Fertigungsstätten, wobei sowohl inländisches als auch ausländisches Kapital beteiligt ist. Um die vom Staat angestrebte Importsubstitution zu erreichen, wird vor allem die Nachfrage auf dem Binnenmarkt befriedigt. Dabei spielten die sich rasch entwickelnde Maschinenindustrie und die elektrotechnische Industrie trotz mangelnder qualifizierter Facharbeiter eine wichtige Rolle. Weitere bedeutende Industriezweige sind die Gummi-, die Tabak-, die Getränke- und die Zementindustrie, die oft mit Hilfe von Lizenzverfahren arbeiten. Die Zementindustrie ist die größte Südostasiens und zählt 6000 Direktbeschäftigte, zu denen eine noch weit größere Zahl indirekter, dem Bauwesen verpflichtete Arbeiter hinzukommen. Der Multiplikatoreffekt und die große Wertschöpfung im Ausbau der Infrastruktur belegen die Bedeutung der Zementherstellung in Thailands Wirtschaft. Trotz wachsender Nachfrage ging aber die Zementproduktion infolge staatlich «eingefrorener» Verkaufspreise 1979 um 5 Prozent zurück, so daß zur Befriedigung der steigenden einheimischen Nachfrage sogar Zement importiert werden mußte. Die Verzögerung neuer Investitionen der Zementindustrie ist die Folge des zum Politikum gewordenen Zementpreises, dessen Nichtanpassung bei der hohen Inflationsrate und den sprunghaft gestiegenen Erdölpreisen die Unternehmensgewinne dermaßen schmälerte, daß Produktionsausweitungen unterblieben. (Der Aufwand an Erdöl macht bis zur Hälfte der Kosten der Zementherstellung aus. Die Inflationsrate Thailands stieg von 4,4 Prozent im Jahr 1976 auf 9,9 Prozent im Jahr 1979.) Die staatliche Preiskontrolle hat sich insgesamt negativ ausgewirkt. Nicht nur flossen so im Zeitraum von 1978 bis zum Frühjahr 1981 Devisen im Wert von über drei Milliarden Baht ins Ausland ab; auch der Verbraucher bekam die Folgen dieser kurzsichtigen Politik zu spüren, hatte er doch pro Tonne Zement zusätzlich 140 Baht in einen Fonds zur Subventionierung des teureren Importzementes zu bezahlen.

Die Industrieansiedlungen sind im Großraum Bangkok massiert und verschärfen die sozio-ökonomischen Ungleichgewichte zwischen Zentrum und Peripherie in entscheidendem Maß. Zur Begünstigung Bangkoks tragen dessen Überlegenheit in der infrastrukturellen Ausstattung bei, dann aber auch das hier konzentrierte Potential ausgebildeter Arbeitskräfte sowie die günstigen Marktbedingungen in der kaufkräftigen engeren Region selber.

Im Norden des Landes werden Seide, Holzschnitzereien und Lackwaren in Heimarbeit hergestellt, während Zukker, Tragtaschen und gelegentlich auch Seide gewerblichen Betrieben oder Fabriken Nordostthailands entstammen. Rohgummi wird hauptsächlich auf der Malakka-Halbinsel, im Anbaugebiet der *Hevea*, fabriziert; seine Verarbeitung zu Autoreifen erfolgt in Bangkok. Im Südosten liegen Zuckerraffinerien und Betriebe, die aus Maniok-Wurzeln Stärke (Tapioka) herstellen. Andere Unternehmen an der Südostküste Thailands verarbeiten Fische und Krebse oder stellen Nam Pla, die würzige Fischsauce, her. In Familienbetrieben werden Rohedelsteine, die aus der Umgebung von Chanthaburi und Trat stammen, geschliffen und poliert.

Energiewirtschaft

Der Energiebereich verzeichnet die höchsten Zuwachsraten unter allen Wirtschaftssektoren: Von 1972 bis 1979 verdoppelte sich der Energieabsatz. Thermische Kraftwerke liefern über 60 Prozent des erzeugten Stromes.

Wie J. Dobrovolny in seiner Länderstudie betont, sieht sich Thailand nach den massiven Erdölpreiserhöhungen gezwungen, alle Anstrengungen zu unternehmen, um die Abhängigkeit von Erdölimporten zu vermindern. Die in den letzten Jahren zur Aufrechterhaltung einer hohen wirtschaftlichen Wachstumsrate befolgte Politik der staatlichen Verbilligung der Erdölprodukte hatte eine so große Bedarfszunahme zur Folge, daß 1980 über 80 Prozent des Energiebedarfs mit Erdöl gedeckt wurden. Dies entspricht fast einem Fünftel des gesamten Importwertes. Noch immer aber werden die thermischen Kraftwerke fast ausschließlich mit Erdöl gespeist, so die South Bangkok Power Plant mit einer Kapazität von 1300 Megawatt und die North Bangkok Power Plant mit 2375 Megawatt.

Lignit (Braunkohle) ist ein Energieträger, der seit langem zu Brennzwecken genutzt wird. Im Vergleich zum Gewicht ist der Heizwert der im Tagebau gewonnenen Braunkohle gering, so daß die Transportkosten entscheidend ins Gewicht fallen, was lange die wirtschaftliche Nutzung beeinträchtigte. Steigender Erdölpreise wegen sah sich die EGAT (Electricity Generating Authority of Thailand) in letzter Zeit veranlaßt, vermehrt Braunkohle als Energieträger in Betracht zu ziehen. In Mae Moh bei Lampang (Nordthailand) sind große Lignit-Lagerstätten entdeckt worden, deren abbaubare Reserven auf mindestens 150 Millionen Tonnen veranschlagt werden. Zwei auf Braunkohle basierende thermische Kraftwerke mit einer Kapazität von je 75 000 Kilowatt sind am Abbauort der Kohle bereits in Betrieb. Sie sollen durch eine dritte Einheit von gleicher Kapazität und zwei 150 000-Kilowatt-Einheiten erweitert werden. Kühnen Plänen gemäß hofft die Regierung, 1988 ein Fünftel der Landesnachfrage auf der Basis von Lignit befriedigen zu können. Große Hoffnungen setzt die Energiebehörde auf die Verwendung einheimischen Erdgases, das bei einer Tagesförderung von 750 Millionen Kubikmeter für zwanzig Jahre reichen soll. Wirtschaftliche Probleme ergeben sich durch die hohen Gestehungskosten und den teuren Bau einer 600km langen Fernleitung vom Fördergebiet im Golf von Thailand nach Bangkok. Im Hinblick auf künftige Erdgasanlieferungen hat die EGAT ihr thermisches Kraftwerk in Süd-Bangkok bereits so angepaßt, daß es auf der Basis von Erdöl und Erdgas arbeiten kann. Auch das 1983 den Betrieb aufnehmende Elektrizitätswerk von Bang Pakong (geplante Kapazität: 2920 Megawatt) wird auf eine Speisung mit Gas und Öl konzipiert. Zur Deckung der gesteigerten Nachfrage schenkt die Regierung auch der Nutzung der Wasserkraft zunehmende Beachtung. Die Erzeugungskapazität der Hydroelektrizitätswerke konnte von 909 Megawatt (1976) auf 1269 Megawatt (1980) gesteigert werden. Bis 1990 ist eine Ausweitung auf 3444 Megawatt geplant. Diese Zielgröße dürfte den Maximalwert der Wassernutzung darstellen. Die beiden bedeutendsten Wasserkraftwerke liegen in Nordthailand. Nördlich des Städtchens Tak ist der Mae Nam Ping durch den Bau der Yanhee-Staumauer (auch Bhumibol-Damm genannt) aufgestaut worden, in der Provinz Uttaradit der Mae Nam Nan durch einen Erdwall (Sirikit-Damm).

Die private Stromerzeugung fußt hauptsächlich auf dieselgetriebenen Generatoren.

Von der Erzeugungskapazität an elektrischem Strom entfielen 1979:

- 61 Prozent auf thermische Kraftwerke, die zur Wärmeerzeugung hauptsächlich Erdöl verwenden
- 32 Prozent auf Hydroelektrizitätswerke
- 6 Prozent auf Kraftwerke, die mit Gasturbinen arbeiten
- 1 Prozent auf die Stromerzeugung mit Dieselgeneratoren.

Die Stromversorgung ist trotz großer Anstrengungen immer noch unausgeglichen. Zwei Drittel des gesamten Elektrizitätsverbrauches entfallen auf den Ballungsraum Bangkok, während sich 85 Prozent der Bevölkerung mit dem restlichen Drittel begnügen müssen. Von den rund 47000 Dörfern Thailands hatten zu Beginn der siebziger Jahre lediglich 5000 Zugang zur öffentlichen Stromversorgung, und noch immer wartet heute über die Hälfte aller Dörfer auf den Anschluß an das Verteilernetz!

Wirtschaftliche Entwicklung

Das thailändische Wirtschaftswachstum der letzten Jahre läßt sich mit imposanten Zahlen belegen. So konnte im Zeitraum von 1975 bis 1979 das reale Bruttoinlandprodukt um jährlich 9 Prozent gesteigert werden. Diese Tatsache darf aber nicht darüber hinwegtäuschen, daß die statistisch günstigen Werte in erheblichem Ausmaß durch eine rasche Ausbreitung des öffentlichen Sektors, verbunden mit hohen Haushaltdefiziten, eine gelenkte Tiefhaltung von Zinssätzen und Preisen wichtiger Basisgüter (Erdöl, Zement usw.) und durch protektionistische Maßnahmen ermöglicht wurden. Wachsende Ertragsbilanzdefizite waren die Folge; sie schnellten von 437 Millionen US$ (1976) auf 2097 Millionen US$ (1979) empor. Noch größere Gefahren birgt die zunehmende Polarisierung zwischen der Metropole Bangkok und dem ländlichen Hinterland, denn das Wirtschaftswachstum ist einseitig auf die Hauptstadt beschränkt, die aus allen Nähten platzt. Der Druck der Armut auf dem Land verbunden mit der Sogwirkung der Kapitale ist so groß, daß heute bereits jeder zehnte Thai in dieser Großagglomeration wohnt. Dies führt zu unerwünschten Entmischungsprozessen auf dem Land und zur Verschärfung des Wohlstandsgefälles zwischen der ländlichen Mehrheit und der städtischen Minderheit. Die absolute und relative Verschlechterung der Lage der Landbevölkerung ist Grund für die soziale Unrast und für Frustrationen, die sich in oft blutigen Konflikten

31 Inseln in der Bucht von Phangnga (Südthailand). Die von Norden nach Süden streichenden Bergketten laufen in den seichten Buchten von Phangnga und Ao Luk in eine Reihe von Inseln aus. Die Kalkfelsen werden durch die tropische Karstverwitterung zu bizarren Formen abgetragen. Sie ragen Pfeilern gleich aus der Flachsee und erinnern an Landschaftsbilder aus Tongking.

32 Gummizapferin bei der Latex-Entnahme im *Hevea*-Hain (Umgebung von Hat Yai). Im Gegensatz zu anderen Ländern, in denen Großplantagen üblich sind, stammen 90 Prozent des thailändischen Kautschuks aus den 300000 Kleinbetrieben, die von Bauern bewirtschaftet werden. Die in der Umgebung von Hat Yai tätigen «tapper» beginnen mit dem Ritzen der Bäume bei völliger Dunkelheit kurz nach vier Uhr. Wohl ist dann die Temperatur noch angenehm frisch, doch belästigen unzählige Stechmücken die Arbeiter. Beide Hände des Gummizapfers müssen zum Anritzen des Stammes frei sein. Die junge Frau trägt deshalb eine Stirnlampe, die von einer am Gürtel getragenen Batterie gespeist wird. Zuerst kratzt die Gummizapferin die verklebte, alte Schnittstelle aus. Dann leitet sie mit einem kräftigen Spiralschnitt den neuen Latex-Fluß ein. Die «Milch» fließt in einen Becher, dessen Inhalt drei Stunden später durch einen anderen Arbeiter eingesammelt wird.

33 In der staatlichen Forschungsstätte für Kautschuk (bei Hat Yai). Im Süden der Stadt Hat Yai liegt die thailändische Forschungsstätte für Kautschuk. Zur Verbesserung der Methoden für die Rohgummigewinnung stehen Angestellte der Rubber Division mit ihrer Erfahrung Ratsuchenden zur Verfügung. Kleinunternehmer werden zur Zusammenarbeit in genossenschaftlich organisierten Verarbeitungszentren ermuntert, in denen die Gummiqualität entscheidend verbessert werden kann. Das Rubber Research Centre produziert Blockgummi mit der speziellen Gütemarke «Thai Tested Rubber». Abnehmer ist die Firma Firestone in Bangkok.

34 Latex-Träger in Südthailand. Zwei bis drei Stunden nach dem Anritzen der Bäume versiegt der Latex-Fluß. Sammler ziehen dann von Baum zu Baum und leeren den Topfinhalt in große Behälter. Spätestens um 10 Uhr erreichen alle Träger die Sammelstelle, wo sie den Latex durch ein Sieb in die bereitstehenden Kannen schütten. Nun beginnt der Verarbeitungsprozeß des Latex zu Rohgummi.

35 Fischerhafen von Songkhla. An der Inlandsee, dem Thale Sap, gibt es eine Anlegestelle für Frachtschiffe; daneben befindet sich der moderne Fischerhafen von Songkhla. Frühmorgens bringen die Fischer ihre reichen Fangerträge aus der Lagune und aus dem Südchinesischen Meer an Land, wo die Fische von den Frauen sortiert und verpackt werden.

36 Zuchtperlen von der Insel Na Ka Noi. Im Fischerdorf Sa Pan können Boote für eine Fahrt nach Ko Na Ka Noi gemietet werden, wo die Thai-Swiss Pearl Co. Ltd. unter japanischer Leitung Kulturperlen züchtet. Nachdem erste Versuche auf Ko Yao Yai fehlgeschlagen sind, bringen heute die «Ernten» in den ruhigen Wassern vor der Insel Na Ka Noi ausgezeichnete Resultate. Seit 1974 werden die hier gewonnenen Perlen nach Japan geliefert.

37 Floße für die Zucht von Kulturperlen. Gitter mit «geimpften» Perlmuttermuscheln werden an schwimmenden Rosten für die Dauer von vier Jahren in das warme und saubere Meerwasser getaucht.

38 Alter Fischer aus dem Dorf Kao Phi (Südthailand). Noch immer finden viele Fischer ihr bescheidenes Auskommen mit einfachsten Fangmethoden.

32

33

36

37

äußern und die politische Stabilität gefährden. Zudem ist die Zahl der Zuwanderer in Bangkok so groß, daß bei weitem nicht alle Arbeitssuchenden eine menschenwürdige Anstellung finden können. Viele wohnen in notdürftigen Unterkünften, wobei die Elendsviertel oft unmittelbar an protzige Bauten der kleinen Oberschicht grenzen. Die Diskrepanzen in der Einkommens- und Vermögensverteilung werden je länger je offensichtlicher, und nirgends ist die Kriminalitätsrate so hoch wie in Bangkok (Quelle: J. Hohnholz, Thailand).
Da bei einer geschätzten Ausgangsbevölkerung von rund 47 Millionen (1981) die jährliche Bevölkerungszunahme noch immer mindestens 2,6 Prozent beträgt, gilt es nicht allein die Wachstumsrate der Wirtschaft hoch zu halten, sondern ebensosehr der Arbeitsplatzbeschaffung, vor allem auf dem Lande, die nötige Aufmerksamkeit zu widmen. Statistiken weisen für 1979 unter den 20,5 Millionen Erwerbstätigen eine Arbeitslosenzahl von 1,1 Millionen (5,4 Prozent) aus. Diese Zahl ist mit großen Vorbehalten aufzunehmen, kommt doch darin beispielsweise die für Thailand wesentliche saisonale Unterbeschäftigung überhaupt nicht zum Ausdruck. Der gegenwärtige, vierte Fünfjahresplan (1977–1981) legt bei einem Wachstumsziel von 7 Prozent pro Jahr das Schwergewicht auf den Abbau räumlicher, sektoraler und personeller Ungleichgewichte. Dies ist um so dringlicher, als noch immer 60 Prozent des Bruttoinlandproduktes in der zentralen Ebene erzeugt werden, obwohl hier nur 30 Prozent der Landesbevölkerung leben. Durch gezielte Maßnahmen wird versucht, die Polarisationsneigung zu unterbinden und der zunehmenden Verarmung Einhalt zu gebieten. In Zukunft sollen vermehrt Arbeitskräfte in Industrien eingesetzt werden, die einfachen Erzeugnissen den Vorrang geben, kommt doch Thailand der Vorteil niedriger Lohnkosten zugute. Rasche Erfolge sind allerdings kaum zu erwarten, denn der Ausbau der Industrieanlagen wird kurz- und mittelfristig weiterhin auf die Einfuhr von Investitionsgütern angewiesen sein. Da den an und für sich positiven Planungsmaßnahmen ein schwerfälliger bürokratischer Apparat gegenübersteht, wird der Entwicklungsprozeß zusätzlich gehemmt.
Auch in den kommenden Jahren werden noch immer 70 Prozent der Thai ihr Auskommen in der Landwirtschaft finden. Deshalb kommt der Produktionssteigerung im Agrarsektor besondere Bedeutung zu. Einerseits muß dem steigenden Nahrungsmittelbedarf der rasch wachsenden Bevölkerung Rechnung getragen werden, andererseits soll der Exporterlös aus landwirtschaftlichen Gütern dazu beitragen, die für eine Industrialisierung nötigen Devisen zu beschaffen. Um die Stellung des Bauern in der thailändischen Gesellschaft zu verbessern, ist die Realisierung der beabsichtigten Landreform eine wesentliche Vorbedingung. Besondere Beachtung sollte auch dem ländlichen Kreditwesen geschenkt werden, sind doch viele Landwirte gegenüber skrupellosen privaten Geldgebern hoffnungslos verschuldet.
Die zunehmende Verschlechterung der thailändischen Handelsbilanz geht aus den folgenden Zahlen deutlich hervor:
Während 1976 ein Negativsaldo von erst 186 Millionen US-Dollar zu verzeichnen war, vergrößerte sich der Fehlbetrag bis 1979 auf das Neunfache (1595 Millionen US-Dollar). Der wertmäßige Export stieg währenddessen von 2959 Millionen auf 5233 Millionen Dollar, die Ausgaben für Importgüter hingegen von 3145 Millionen Dollar auf 6828 Millionen Dollar. Die Einfuhren verteilten sich 1979 zu 26 Prozent auf Maschinen, 28 Prozent Industriegüter, 15 Prozent chemische Produkte und 17 Prozent Rohstoffe (in erster Linie Erdöl). Wichtigste Handelspartner Thailands waren in diesem Jahr Japan mit einem Anteil von 25,7 Prozent an den Gesamtimporten, die USA (15,5 Prozent), die Bundesrepublik (5,4 Prozent) und Singapur (5 Prozent). Darlehen Japans – 1972 in der Höhe von 198 Millionen Dollar – bedeuteten wohl eine willkommene Finanzhilfe, waren aber weitgehend an Klauseln zum Kauf japanischer Güter gebunden.

Diese Bedingungen sind in Thailand auf heftige Kritik gestoßen, denn man befürchtete zu Recht, daß dadurch das Land in zu starkem Maße vom Kreditgeber Japan abhängig werde. Die Unzufriedenheit der Bevölkerung ist im Herbst 1972 deutlich zum Ausdruck gekommen, als in Bangkok der nationale Studentenverband zum Boykott japanischer Waren aufrief. In Demonstrationen und Anschlägen gegen japanische Unternehmer in der Hauptstadt machte sich der schwelende Unmut über die einseitige Abhängigkeit Luft. Japanische Handelsdelegationen haben sich daraufhin bemüht, ihren guten Willen dadurch zu beweisen, daß sie größere Einkäufe in Aussicht stellten. Die bedeutendsten Abnehmer thailändischer Exportprodukte, bei denen landwirtschaftliche Erzeugnisse mit 60 Prozent am Gesamtexport beteiligt sind, waren 1979 Japan mit einem Anteil von 21,2 Prozent, die Niederlande (15 Prozent), die USA (11,2 Prozent) und Singapur (8,5 Prozent).

Die verbesserte finanzielle Lage der Bevölkerung und die Widerstandskraft des Baht gegenüber dem US$ (1972: 1 US$ = 20,85 Baht; 1979: 1 US$ = 20,42 Baht) verbunden mit einer geringen Inflationsrate wirkten sich bis 1972 günstig auf die Bildung von Ersparnissen und damit Produktivkapital aus. 1972 jedoch brach das bislang stabile Preisgefüge zusammen. Der Index der Konsumentenpreise stieg 1973 um 15,5 Prozent, 1974 sogar um 24,3 Prozent. Mit Jahresteuerungen von 5 bis 6 Prozent konnten die Preiserhöhungen 1975 und 1976 vorerst gebremst werden. Sie erreichten aber 1978 bereits wieder 20 Prozent. Die gesamte Auslandverschuldung erhöhte sich von Ende 1978 bis Ende 1979 um 0,9 Milliarden auf 3,7 Milliarden US-Dollar, was 71 Prozent der Exporteinnahmen entsprach. Der Schuldendienst allein beanspruchte 1979 17 Prozent der Exporteinnahmen.

Trotz zunehmender Verschuldung, starker Preissteigerungen und sich verschärfender Disparitäten ist eine steigende Investitionsbereitschaft inländischer und ausländischer Unternehmer zu verzeichnen, was als Indiz für ein gewisses Vertrauen in die thailändische Wirtschaft aufgefaßt werden kann. Dazu haben nicht zuletzt die positivere Haltung der Regierung gegenüber ausländischen Investoren sowie die exportfördernden Maßnahmen beigetragen. Niedrige Löhne und die Unterdrückung von Arbeitskämpfen haben Industrieverlagerungen nach Thailand gefördert, so auch aus Singapur und Hongkong. Importbeschränkungen haben zusätzlich Anreize zur einheimischen Produktionsaufnahme geschaffen.

Die finanziellen Zuwendungen der Vereinigten Staaten haben entscheidend zur Wachstumsauslösung beigetragen, anfänglich durch Kredite und direkte Zuschüsse zum Regierungshaushalt (1958 bis 1960: 87 Prozent der öffentlichen Brutto-Anlageinvestitionen), später in Zusammenhang mit dem militärischen Engagement der USA in Indochina. Die genaue Summe aller Zuflüsse aus den USA ist unbekannt; sie wird aber auf mehrere Milliarden US-Dollar geschätzt. Die Kapitalzuflüsse, die ihren Höchstwert zwischen 1966 und 1975 erreichten, umfaßten:

- direkte Zahlungen an die thailändische Regierung und den Unterhalt von Militärbasen
- private Ausgaben der stationierten Amerikaner (höchster Betrag 1968: 4918 Millionen Baht)
- Ausgaben der amerikanischen Urlauber aus Indochina (höchster Betrag 1969: 459 Millionen Baht)
- Überweisungen thailändischer Soldaten und Bautrupps aus Indochina (höchster Betrag 1967: 1394 Millionen Baht).

Quelle: J. Hohnholz, Thailand

Die teils militärischen, teils zivilen Programme der USA förderten die verkehrsmäßige Erschließung und die Verbesserung anderer infrastruktureller Einrichtungen, vor allem in den strategisch bedeutungsvollen Randgebieten. Im Zusammenhang mit dem hohen Kapitalzufluß stiegen die jährlichen Wachstumsraten des Bruttosozialproduktes von 3 Prozent (1955 bis 1958) bis gegen 10 Prozent an.

Die Lockerung und später die endgültige Aufgabe des militärischen Engagements der Amerikaner in Indochina ließ in Unternehmerkreisen Rückschläge auf die wirtschaftliche Entwicklung Thailands befürchten. Es darf aber nicht außer acht gelassen werden, daß bereits vor Kriegsende die amerikanischen Militärausgaben rückläufig waren und daß die großen Bauvorhaben zur Verbesserung der Infrastruktur (vor allem Häfen, Flugplätze, Straßen) schon 1968 und 1969 zu Ende geführt worden waren. Der starke Rückgang der Militär-Urlauberbesuche konnte durch die Zunahme des internationalen Tourismus kompensiert werden. Thailand hat auch den sich aus der Ablösung der fremden Truppen ergebenden Devisenausfall verkraftet und durch die Steigerung und die Diversifizierung der Exporte den Ausfall wettgemacht.

Charakteristisch für Entwicklungsländer ist der hohe Exportanteil von Rohstoffen und landwirtschaftlichen Produkten, die Preisschwankungen auf dem Weltmarkt und unterschiedlichen Ernteerträgen unterworfen sind. Auch Thailand macht hier keine Ausnahme, entfielen doch 1979 immer noch rund 60 Prozent der Ausfuhr auf landwirtschaftliche Güter.

	1976	1977	1978	1979
	Millionen Baht			
Gesamtexporte	60797	71198	83065	108179
Reis	8603	13383	10425	15592
Kautschuk	5297	6193	8030	12351
Tapioka	7528	7720	10892	9891
Mais	5598	3286	4231	5567
Zucker	6842	7445	3970	4797
Kenaf und Jute	579	418	449	391

Durch die Erweiterung des Angebots an landwirtschaftlichen Produkten wird versucht, die Risiken besser zu verteilen. So ist Thailand zum zweitgrößten Exporteur von Ananas geworden. Zudem sind die Anbauausweitung von Rizinussaat, die Förderung der Blumenzucht und die Intensivierung der Seidenraupenzucht geplant. Nachteilig wirkt sich der Umstand aus, daß beinahe die gesamte Landwirtschaftsproduktion aus zum Teil hochverschuldeten Kleinbetrieben stammt. Da Thailand nie Kolonie einer westlichen Großmacht war, sind produktionsintensive Plantagen kaum bekannt.

Tertiärer Sektor

Die Hoffnungen einheimischer Wirtschaftskreise richtet sich auch auf die günstige Entwicklung im Dienstleistungssektor, in dem hauptsächlich der Handel, die Bankgeschäfte und der Tourismus florieren, während die Lebensversicherungen erst am Anfang ihrer Entwicklung stehen.

Der Handel nimmt in einer arbeitsteiligen Wirtschaft wie Thailand eine bedeutende Stellung ein. Mit einem Anteil von 16 Prozent am Bruttoinlandprodukt bildet er den drittgrößten Wirtschaftssektor nach der Landwirtschaft und dem verarbeitenden Gewerbe. Dabei spielt die chinesische Minderheit sowohl im Großhandel der Landeshauptstadt als auch in ihrer Position als ländliche Zwischenhändler eine dominierende Rolle. Die Zwischenhändler gewährleisten als Verbindungspersonen zwischen Stadt und Land wohl das Funktionieren der Landesversorgung und des Handels. Da sich die Mittelsmänner aber nicht nur als Aufkäufer von landwirtschaftlichen Erzeugnissen und als Lieferanten von Saatgut, Dünger, Insektiziden, Herbiziden und Gütern des Alltags betätigen, sondern auch als private Geldgeber Kapital zu Wucherzinsen ausleihen, gereicht ihr Wirken oft zuungunsten der ihnen ausgelieferten Bauern (Quelle: J. Hohnholz, Thailand).

Die 16 Handelsbanken wickelten 1980 mit ihren rund 52000 Angestellten 80 Prozent des Bankgeschäftes ab. Bis Mitte der siebziger Jahre wiesen Banken – und in geringerem Maße die Versicherungen – die höchsten Wachstumsraten aller Wirtschaftszweige auf (1970: 25,9; 1971: 23,8 Prozent), wobei sich aber der Anteil am Bruttoinlandprodukt 1978 lediglich auf 4,7 Prozent belief. In Thailand kommt dem Tourismus als Arbeitgeber und Devisenbringer eine entscheidende Bedeutung zu. Im Durchschnitt der Jahre 1970 bis 1972 erbrachte der Fremdenverkehr 116 Millionen US-Dollar an Jahreseinnahmen. Für 1981 werden die Ausgaben der Touristen sogar auf 625 Millionen US-Dollar budgetiert. Damit rangiert der Tourismus hinter dem Export von Reis, aber noch vor Kautschuk, Tapioka, Zinn als zweitwichtigster Devisenbringer.

In den letzten 15 Jahren hat der Fremdenverkehr in Südostasien beträchtlich zugenommen. Er ist für die Entwicklungsländer zu einer bedeutenden Einnahmequelle geworden. Während 1957 erst 44375 Touristen Ferien in Thailand verbrachten und dabei 102 Millionen Baht zum Landeseinkommen beitrugen, wurde das Land 1980 von 1858801 Ausländern besucht, die durchschnittlich rund eine Woche verweilten und dem Land Einnahmen in der Höhe von 12,5 Milliarden Baht verschafften. Schätzungen gehen dahin, daß ungefähr 49 Prozent auf Ausgaben in Hotels, 26 Prozent auf handwerkliche Erzeugnisse und Edelsteine entfallen; 17 Prozent werden für Ausflüge ausgegeben, und die restlichen 8 Prozent können unter der Rubrik «Verschiedenes» zusammengefaßt werden. Sie dürften hauptsächlich in die Kasse der Unterhaltungsbetriebe und verwandter Etablissements fließen.

Der Aufschwung des Tourismus hat verschiedene Ursachen. Das Engagement amerikanischer Truppen in Indochina führte beispielsweise dazu, daß zwischen 1955 und 1972 amerikanische Urlauber im sogenannten R+R-Programm (Rest and Recuperation) Thailand besuchten, um sich hier vom Kriegseinsatz zu erholen. Mit 70737 Soldaten wurde 1969 der Höhepunkt dieser amerikanischen Urlauberreisen erreicht. Ein Viertel der Einnahmen aus dem Tourismus stammte damals von den wenig knauserigen GI. Den entscheidenden Impuls aber erhielt der Fremdenverkehr durch die Zunahme der Charterflüge, die immer billiger und beliebter wurden und deren Pauschalpreise so tief angesetzt wurden, daß sie den Gast nur rund ein Viertel des Preises einer Individualreise kosteten. Nicht wenig mag anfänglich die politische Stabilität des Landes dazu beigetragen haben, daß viele gerade Thailand als Reiseziel wählten. Während sich bis 1965 beispielsweise Sri Lanka bei Gruppenreisenden größerer Beliebtheit erfreute, bevorzugten in den nächstfolgenden Jahren viele Touristen das ruhigere Thailand. Da die thailändischen Behörden und die Hoteliers die Bereitwilligkeit zeigten, Ausländer als Feriengäste zu empfangen, richteten viele europäische Reiseunternehmen ihre Programme auf Thailand aus und boten Bangkok als Ausgangspunkt für zahlreiche Zusatzprogramme an. Reisen nach Kambodscha, Indonesien, Singapur, Malaysia, Hongkong, Taiwan und den Philippinen, später auch nach Nepal und Burma können – oder konnten – von Bangkok aus gebucht werden. Die Bemühungen europäischer Reiseunternehmer wurden durch geschickte Werbetätigkeit der TOT (Tourist Organization of Thailand), später durch die TAT (Tourist Authority of Thailand) wirkungsvoll unterstützt. Vorerst fanden hauptsächlich ausländische Import- und Exportfirmen im aufstrebenden Fremdenverkehr ein neues Betätigungsfeld; bald schalteten sich aber auch Einheimische erfolgreich in den Tourismus ein.

Was lockt die Touristen nach Thailand? Fasziniert die Exotik der Tropen? Interessiert die fremdartige Kultur? Sind die Einkaufsmöglichkeiten besonders günstig? Viele Gäste, die Thailand immer wieder besuchen, betonen, daß ein Hauptanreiz zu erneuten Reisen in der Begegnung mit den Einheimischen liege, deren strahlendes Lächeln nicht Fassade ist, sondern dem Charakter der anmutigen und gastfreundlichen Thai entspricht. In der hier herrschenden Atmosphäre der Entspannung kann sich mancher Tourist von der Hetze des Alltags besonders gut erholen.

Obwohl Thailand einen eigentlichen Touristenboom erfahren hat, sind die Besucherzahlen nicht kontinuierlich gestiegen. Sprunghaft nahm die Zahl der Touristen im Jahr 1970 zu, weil viele Besucher der Weltausstellung in Osaka auf ihrer Reise nach Japan einen Zwischenhalt in Bangkok einschalteten. Als im Jahre nach der Weltausstellung die erwarteten zusätzlichen Besuchermassen ausblieben, wurden viele neue Hotelbesitzer vor Existenzprobleme gestellt. Das Überangebot im Gastgewerbe führte zu einer drastischen Unterbelegung der Luxushotels, deren Jahresrechnungen bei einer Auslastung zwischen 30 und 40 Prozent und konkurrenzbedingt gedrückten Preisen hohe Defizite aufwiesen. Mit der raschen Vergrößerung des Beherbergungsangebotes – in Bangkok gab es 1980 12230 Zimmer in der gehobenen Hotelklasse, bis 1983 sollen es sogar deren 15600 sein – hatte die Schulung des Personals vorerst nicht Schritt halten können. Neue Bewerber für Hotelstellen wurden in farbenfrohe Uniformen gekleidet und unbelastet mit Fachkenntnissen in den Dienstleistungsbetrieb mit einbezogen. Reisende, die zum ersten Mal in Thailand weilten, mochte anfänglich die elegante Aufmachung der neuesten Luxusbauten beeindrucken. Bangkok-Kenner hingegen zogen es vor, sich in den seit Jahren bewährten Hotels von erfahrenem Personal bedienen zu lassen. In den letzten Jahren hat die Schulung der Angestellten erfreuliche Fortschritte verzeichnet, und die thailändischen Gastbetriebe der gehobenen Klasse brauchen den Vergleich mit der internationalen Konkurrenz nicht zu scheuen.

Touristenzahlen im Zeitraum der Weltausstellung in Japan

1969:	469784	
1970:	628671	(+33,8%; Weltausstellung Osaka)
1971:	638738	(+1,6%)

Da anfänglich die wenigsten Touristen über die weiteren Grenzen der Hauptstadt hinauskamen, prägte sich leider vielen ein einseitiges Bild Thailands ein. Mit organisierten Ausflügen versuchten Reiseveranstalter, ihren eiligen Kunden möglichst mühelos und binnen kürzester Zeit «echtes Thailand» zu vermitteln. Daß sich bei den rasch aufeinanderfolgenden Massenbesichtigungen hauptsächlich Klischees einprägen mußten, liegt auf der Hand. Andererseits haben sich auch die Landesbewohner dem Besucherstrom angepaßt und profitieren davon. Der schwimmende Markt in Thonburi zum Beispiel ist zu einer reinen Touristenattraktion geworden, dessen organisierter Besuch nicht mehr empfohlen werden kann. Verkehrspolizisten regeln heute den Ausflugsverkehr auf dem Wasser, und die Touristenboote sind so zahlreich geworden, daß die Marktfahrer in Nebenkanäle verdrängt werden. Um die Besucher des schwimmenden Marktes über die wenig erbauliche Szenerie hinwegzutrösten, setzt man sie anläßlich der obligaten Fahrtunterbrechung an Land, wo sie «garantiert echte Thai-Souvenirs» zu Touristenpreisen erstehen können. Nach den Erfahrungen, die man 1971, im Jahr nach der Weltausstellung in Osaka, machte, haben die Verantwortlichen in wirkungsvoller Zusammenarbeit mit den Behörden umdisponiert. Nach einem Jahr der Enttäuschung schwoll der Touristenstrom nach 1972 enorm an. Im relativ unruhigen Jahr 1971 hatten einsichtige Hotelbesitzer die Gelegenheit wahrgenommen, Versäumtes nachzuholen. Reisebüros arbeiteten attraktive Programme aus, die es den Kunden erlauben, vermehrt ländliche Gegenden kennenzulernen. Damit ist auch eine erwünschte Verlängerung der Aufenthaltsdauer verbunden. Da die Exkursionen von geschulten Thai – häufig sind es knapp besoldete Lehrer – begleitet werden, darf der kulturell Interessierte Antwort auf seine Fragen erwarten.

Die Einreiseformalitäten auf dem Flugplatz Don Muang bei Bangkok, die anfänglich kompliziert und schwerfällig abgewickelt wurden, mögen bei vielen Besuchern in schlechter Erinnerung sein. Dank dem zeitgemäßen Ausbau ist heute der Flugplatz nun aber auch dem Touristenschwarm, der aus Jumbo-Jets strömt, gewachsen. Die Einreiseformalitäten sind vereinfacht und die Abfertigung ist beschleunigt worden. Moderne Autobusse mit Klimaanlagen mildern den Schock des Klimaunterschiedes. Gute Straßen und der Ausbau des innerthailändischen Flugnetzes erlauben bequeme Ausflüge in das ländliche Thailand. Der Besuch des schwimmenden Marktes von Damnoern Saduak zum Beispiel gibt Einblick in das Alltagsleben eines einfachen Klong-Dorfes. Reiseunternehmen mieten Boote und Barken für Fahrten auf Flüssen und Kanälen. Leuten, die nur für kurze Zeit in Thailand weilen, wird im Rose Garden Folklore in konzentrierter Form geboten. Hier – wenige Kilometer westlich von Bangkok – genießt der Fremde nicht nur ausgezeichnete Mahlzeiten, sondern er kann auch einer vielseitigen, amerikanisch aufgezogenen «Instant Thailand Show» beiwohnen. Im Süden der Hauptstadt ist mit der «Ancient City» ein Abriß tausendjähriger Geschichte zusammengestellt worden. Neben rekonstruierten alten Tempeln und Palästen kann der Besucher Szenen aus dem Alltagsleben und volkstümliche Einlagen bewundern.

Entwicklung der Touristenzahlen von 1976 bis 1980

1976	1098442	
1977	1220672	(+ 11,1%)
1978	1453839	(+ 19,1%)
1979	1591455	(+ 9,5%)
1980	1858801	(+ 16,8%)

Wenn sich auch der Tourismus in Thailand immer noch durch erfreuliche Wachstumsraten auszeichnet, darf doch nicht darüber hinweggesehen werden, daß sich in bezug auf die Herkunftsländer der Gäste ein Wandel vollzogen hat. Waren es vorerst in erster Linie amerikanische und europäische Touristen, die dank günstiger Pauschalarrangements Bangkok als ihr Reiseziel bevorzugten, fällt für die Kundschaft aus Übersee in letzter Zeit vor allem die Verteuerung der Flugtarife ins Gewicht. So sanken beispielsweise die Touristenzahlen aus der Bundesrepublik von 1979 auf 1980 um 2,36 Prozent von 97848 auf 95535, aus der Schweiz um 4,11 Prozent von 25500 auf 24451 und aus Österreich um 3,3 Prozent von 9610 auf 9239. Während 1978 noch 131449 Bürger der Vereinigten Staaten Thailand besuchten, waren es 1980 nur noch deren 115348 (– 12,25 Prozent). Diese sinkenden Ziffern wurden aber durch zunehmende Besucherzahlen vor allem aus asiatischen Ländern mehr als wettgemacht.

Touristenzahlen gemäß Herkunftländern

	1979	*1980*	
1 Malaysia		277550*	
2 Japan	200333	225433	(+ 12,53%)
3 Großbritannien	128408	138808	(+ 8,10%)
4 USA	114595	115595	(+ 0,66%)
5 Taiwan		98394	
6 Bundesrepublik	97848	95535	(– 2,36%)
Schweiz	25500	24451	(– 4,11%)
Österreich	9610	9239	(– 3,30%)

* geschätzt

Thailands touristische Kapazität ist mit der Ausweitung des Fremdenverkehrs in die nähere Umgebung Bangkoks allerdings bei weitem nicht erschöpft. Seit Mitte der sechziger Jahre besuchen Gruppenreisende das zweieinhalb Autostunden südöstlich von Bangkok gelegene Pathaya. Das einst verträumte Fischerdorf hat sich zu einer großen Hotelagglomeration entwickelt, die sich in ihrer Konzeption und mit ihrem ausländischen Besucherstrom kaum von anderen internationalen Badeorten unterscheidet. Das Angebot an mondänen Unterhaltungsmöglichkeiten ist hier der Nachfrage entsprechend besonders groß. Ein anderes Seebad, Hua Hin auf der Malakka-Halbinsel, ist vor allem bei Thailändern sehr beliebt. Weitere Küstenorte sind touristisch erschlossen worden: Songkhla und die Insel Phuket.

Songkhlas bewaldete Sandstrände liegen teils am offenen Meer, teils an der windgeschützten Lagune. Ausflüge zu den nahen Baudenkmälern des mittelalterlichen Sri-Vijaya-Reiches begeistern die Kunstliebhaber. Mit gemieteten Fischerbooten können Inseln in der Lagune

Thale Sap besucht werden, deren Bewohner sich durch das Einsammeln von Schwalbennestern ihren Lebensunterhalt verdienen. Sie verkaufen sie den chinesischen Geschäftsleuten von Hat Yai, welche die berühmte Schwalbennestsuppe als Delikatesse schätzen. Die Autofahrt über gut ausgebaute Paßstraßen nach Pattani ermöglicht Begegnungen mit der Muslim-Minderheit des Landes. Malerische Märkte der malaiisch sprechenden Bevölkerung bieten den Fotografen dankbare Motive. Auf einem Ausflug kann man Männern begegnen, die Affen für das Pflücken von Kokosnüssen abgerichtet haben. Auf Befehl klettern die angeketteten Tiere den schlanken Stamm der Palme hinauf und werfen ausschließlich reife Nüsse herunter.

Die reiche Handelsstadt Hat Yai weist bereits einen regen Zustrom malaysischer Wochenendtouristen auf, die durch ihre Ausgelassenheit den einen gern gesehene Betriebsamkeit, den andern unwillkommene Ruhestörung verschaffen. Die Luxushotels der aufstrebenden Siedlung stehen weder in Qualität noch im Preis den Gastbetrieben Bangkoks nach. Lohnend ist der Besuch der Forschungsstation für Kautschuk, die in der Nähe der modernen Universität liegt. Frühaufstehern bietet sich die Gelegenheit, Gummizapfer bei ihrer Arbeit in den *Hevea*-Hainen zu beobachten. Während das restliche Thailand im Sommer von heftigen Niederschlägen heimgesucht wird, ist die Ostküste der Malakka-Halbinsel dank ihrer Windschattenlage bezüglich des Südwestmonsuns sonniger und niederschlagsärmer. Da Songkhla erst in wenigen Programmen europäischer Reisebüros aufgeführt wird und deshalb den meisten Touristen unbekannt ist, sind die wenigen ausländischen Gäste sehr willkommen und werden entsprechend zuvorkommend behandelt.

Landschaftlich noch reizvoller ist die 900 km südlich von Bangkok gelegene Insel Phuket, die mit der Hauptstadt in täglicher Flugverbindung steht. Wohl nirgends sonst kann der Reisende so viele verschiedene tropische Strandlandschaften in einer touristisch erschlossenen, aber keineswegs überlaufenen Gegend genießen. Die örtliche Provinzverwaltung und die Tourist Authority of Thailand haben sich bemüht, die Unberührtheit und Ursprünglichkeit des Eilands im Indischen Ozean weitgehend zu bewahren und die Entstehung eines Patthaya ähnlichen Fremdenortes zu vermeiden. Zahlreiche Hotelprojekte wurden deshalb abgelehnt. So verfügte Phuket Anfang 1981 lediglich über zwei am Meer gelegene Hotels internationalen Standards. Zusammen mit den drei Hotels im Stadtzentrum weist Phuket nur die Hälfte der Zimmerzahl von Patthaya auf. Einige Stadtviertel im sinoportugiesischen Stil sind erhalten geblieben und verleihen der Stadt den romantischen Glanz vergangener Zeiten. Schattige Laubengänge ziehen sich unter einer langen Flucht von Balkonen hin, und die intensiv grünen oder blauen Türen kontrastieren zum blendenden Weiß des Mauerwerks. Die 30 000 Einwohner zählende Kleinstadt verdankt ihren Wohlstand der Zinngewinnung, dem Kautschuk, der Kopra und dem Fischfang.

Nach einer kurzen Autofahrt erreicht der Tourist das Südende der Insel am Strand von Rawaii. Das malerische Fischerdorf liegt versteckt unter Kokospalmen. Geschützt vor Wellengang durch eine Reihe vorgelagerter Inseln, eignet sich das glasklare Wasser der ruhigen Bucht besonders gut zum Schwimmen. Ein weiterer Sandstrand liegt am offenen Indischen Ozean: Kilometerweit zieht sich hier der silberweiße Sandstreifen von Surin in leichtem Bogen von einem felsigen Kap zur nächsten Halbinsel. Kleine, mit Nipapalmwedeln gedeckte Hütten laden zum Verweilen ein. Das Patong Beach Hotel steht in einer Verebnung zwischen urwaldüberzogenen Hügeln. Andere Badeplätze befinden sich bei Ao Kata Yai, Ao Karon und Ban Thao, so daß die Wahl des Strandes bei so vielen Möglichkeiten oft schwerfällt. Daneben bieten sich verschiedene Ausflugsziele an. Die Fahrt nach Phangnga zum Beispiel führt durch eine

abwechslungsreiche Hügellandschaft mit *Hevea*-Pflanzungen und Obsthainen, vorbei an abgelegenen Dörfern bis zur Küste, an der sich die mangrovengesäumten, ertrunkenen Flußtäler weit landeinwärts erstrecken.
Die aus hartem Gesteinsmaterial bestehenden Eilande erinnern an den Zuckerhut von Rio de Janeiro. Durch die tropische Karstverwitterung wurden die in allen Farben leuchtenden Kalkfelsen zu bizarren, senkrechten oder überhängenden Formen abgetragen, die Pfeilern gleich aus dem grünblauen Flachmeer herausragen. Die Boote der Fischer von Khok Kloi bahnen sich durch den Sumpfwald ihren Weg ins offene Meer, das allerdings nur bei Flut erreichbar ist. An vielen Stellen hat die intensive chemische Erosion tiefe Hohlformen in den Kalk gefressen. Primitive Felsmalereien beweisen, daß diese Höhlen bereits in früher Zeit Seefahrern und Fischern als Zufluchtsstätten gedient haben. Bei Tham Lawd passieren die Schiffe eine niedrige, mit prächtigen Tropfsteinen behangene Naturbrücke. Für die Mittagsrast ist eine Fahrtunterbrechung beim schwimmenden Dorf von Ko Pannyi empfehlenswert. Die ausschließlich mohammedanische Bevölkerung lebt vom Fisch- und Krebsfang. Frischer Hummer kann hier spottbillig gekauft werden. Besonders interessant ist es, die Fischer zu beobachten, wenn sie vom Fang zurückkehren. Nicht selten finden sich altertümliche Pfeilschwanzkrebse unter ihrer Beute. Weltreisende behaupten, das bizarre Inselreich von Phangnga und Ao Luk übertreffe in seiner Schönheit die Bucht von Tongking an der vietnamesischen Küste.
Im malerischen Fischerdorf Sa Pan können Boote für eine Fahrt nach Ko Na Ka Noi gemietet werden, wo die Thai-Swiss Pearl Co. Ltd. unter japanischer Leitung Kulturperlen züchtet. Erste Versuche auf Ko Yao Yai schlugen fehl, doch seither bringen die «Ernten» in den ruhigen Wassern vor der Insel Na Ka Noi ausgezeichnete Resultate. Seit 1974 werden Perlen nach Japan geliefert, deren Absatz gesichert scheint, da die Erträge in den japanischen Zuchtgebieten bei Toba in letzter Zeit unbefriedigend waren. Auch einheimische Thai haben sich die neue Erwerbsquelle zunutze gemacht. Bei Ko Rang bewohnen sie kleine Floße, an denen sie die mit Perlmutterkernen versehenen Muscheln in Gittern ins Wasser tauchen.
Interessant sind Besichtigungen der zahlreichen Zinnabbaustellen. In den chinesischen Minen wird im Schlämmverfahren an Land gearbeitet, in der seichten Bucht von Ban Thao hingegen schürfen moderne Schwimmbagger das Erz. Nach Absprache mit der Betriebsleitung kann die moderne Zinnschmelze im Distrikt Pan Wa besucht werden. Beeindruckend für den Besucher ist vor allem der Abstich. Zischend ergießt sich das flüssige Zinn unter Bildung weißer Dampfwolken in den bereitgestellten Auffangwagen, in dem die silberweiße Schmelzmasse anschließend zu den Masselformen gefahren wird. Unweit der Zinnraffinerie liegt auch das thailändisch-dänische meeresbiologische Forschungsinstitut.
Als paradiesischer Flecken für Erholungssuchende wird neuerdings die Kokosnuß-Insel Samui im Golf von Thailand angepriesen. Sie ist in drei- bis fünfstündiger Schiffahrt von Surat Thani aus erreichbar. Der Tourist findet ein Kleinhotel, einfache Bungalows und Freiluftrestaurants vor. In Muße kann er die vielfältige Nutzung der Kokospalme beobachten. Das geraffelte Fruchtfleisch wird zusammen mit Reis gegessen oder zur Herstellung von Süßigkeiten verwendet. Inselbewohner stillen ihren Durst mit frischer Kokosmilch. Aus der fetthaltigen Kopra wird Speiseöl gepreßt. Baumstämme dienen als Material zum Hausbau und zur Erstellung floßförmig zusammengesetzter Brücken, während mit Palmenblättern Hausdächer gedeckt werden. Die Hartschale der Kokosnuß und das Fasermaterial ergeben ein begehrtes Brennmaterial. Auch viele Kanus bestehen aus dem Holz der Kokospalme: Mit Äxten werden die dicksten Stämme zu Einbäumen zugehauen.

Der gewandte Tourist sollte sich nicht scheuen, auf eigene Faust Thailand zu entdecken. Er ist allerdings darauf angewiesen, einen Englisch sprechenden Thai-Chauffeur oder einen ausgewiesenen Kenner des Landes bei sich zu haben, da die Einheimischen abseits der Städte kaum einer westlichen Fremdsprache mächtig sind. In den südlichsten Provinzen kann man sich in malaiischer oder indonesischer Sprache mit den Bewohnern unterhalten. Wer die englische Sprache nicht beherrscht oder wem das Pidgin-English der Thai unverständlich bleibt, dem ist anzuraten, sich Reisegesellschaften anzuschließen, die von europäischen Reiseleitern in Zusammenarbeit mit geschulten thailändischen Begleitern geführt werden.

Tänzerin der Thai Yuan aus Chiang Mai

39 Zinnwäscherin auf der Insel Phuket. Diese älteste Art der Zinngewinnung ist bei den Chinesen Malaysias und Thailands unter dem Namen Dulang Washing bekannt. Durch mächtige konische Strohhüte vor der Sonne geschützt, schürfen Frauen in den Aufschwemmungen und trennen die schwarzen Kassiteritkörner mit Hilfe einfachster Waschmethoden vom tauben Material. Wie in den Tagen der Goldsucher wird dabei das wasserdurchsetzte Material seiner verschiedenen Schwere gemäß sortiert.

40 Zinnbarren. Da die Produktion durch das internationale Zinnabkommen limitiert ist, beläuft sich der jährliche Zinnbarren-Export Thailands lediglich auf 30000 bis 35000 Tonnen. Der Hauptverwendungszweck liegt in der Fabrikation von Weißblech. Konservendosen werden aus feinem Stahlblech hergestellt, das in ein Zinnbad getaucht und so mit einem korrosionsresistenten, ungiftigen Schutzmantel überzogen wird. In den Vereinigten Staaten verwendet man 60 Prozent des importierten Zinns in der Verpackungsindustrie.

41 Abstich in der Zinnschmelze. Bis 1965 mußte das Zinnerz in die Schmelzöfen nach Malaysia und Singapur transportiert werden. Durch die Errichtung von zwei Zinnraffinerien ist es möglich geworden, die Wertvermehrung weitgehend im eigenen Land durchzuführen. Beeindruckend ist der Abstich. Zischend ergießt sich das flüssige Metall unter mächtigen Dampfwolken in die bereitgestellten Wagen, in denen die silberweiße Schmelzflüssigkeit anschließend zu den Masselformen gefahren wird.

42 Schwalbennester, Ausgangsprodukt für die Herstellung einer chinesischen Delikatesse. In kühlen, muffigen Karsthöhlen arbeiten Dutzende von Frauen und Kindern. Ihre Aufgabe besteht darin, die mit Speichel verkitteten Schwalbennester sorgfältig zu zerzupfen und die kleinen Vogelfedern zu entfernen. Chinesische Köche stellen aus diesem Rohmaterial die beliebte Schwalbennestsuppe her, eine Delikatesse, die von den Geschäftsleuten von Hat Yai sehr geschätzt wird und bei ihnen guten Absatz findet.

43 Schwalbennestsucher auf der Insel Phi Phi im Thale Sap. Die Suche nach Schwalbennestern ist ein harter und gefährlicher Lebenserwerb. Mit Hilfe einfacher Bambusleitern, die mit Lianen untereinander verbunden sind, klettern die Männer an senkrechten Kalkfelsen hoch — im Freien ebenso wie in riesigen Höhlen —, um in Reichweite der Nistplätze von Salanganen (einer Seglerart) zu gelangen.

44 Chinesischer Höhlentempel der Schwalbennestsucher. In einer Felsnische befindet sich der kleine Tempel der chinesischen Schwalbennestsucher. Die Holzfiguren stellen Buddha und verehrte Mönche der Provinz dar. Auf glasierten Töpferwaren sind Drachenfiguren erkennbar. Im Hintergrund liegt der Schädel eines Krokodils. Auf die Felswand — im Bilde nicht ersichtlich — ist ein Zeichen gemalt worden, das Rama V. symbolisiert.

45 Bemalen von Sonnenschirmen im Schirmmacherdorf Bor Sang (Nordthailand). Die Bewohner von Bor Sang widmen sich der Herstellung von Papierschirmen. Die Familien haben sich auf bestimmte Arbeitsvorgänge spezialisiert. Die eine Gruppe fabriziert das pergamentähnliche Überzugspapier aus Baumrinde, eine andere stellt das Schirmgestell aus Bambus her, und eine dritte montiert die Einzelteile zusammen. Künstlerisch begabte Burschen und Mädchen bemalen die Schirme mit Blumenmustern und zeigen dabei erstaunliches Geschick.

46 Bambusflechterin bei der Vorbereitung von Lackwaren in Chiang Mai. Vor 200 Jahren, zur Regierungszeit Ramas I., machten Kriegsgefangene aus Laos die Bewohner von Chiang Mai mit der Herstellung von Lackwaren vertraut. Heute werden diese in Kleinbetrieben, teilweise auch in Heimarbeit, hergestellt und in die Läden der Städte geliefert. Zuerst flechten die Kunsthandwerker Körbchen aus feinen Bambusfibern (Bild), die mit dem Saft des Rak-Baumes bestrichen werden. Wenn diese Masse getrocknet ist, wird sie geschliffen. Dann trägt man ein Gemisch von Puder und Rak-Saft auf, das man glattreibt, bevor die nächste Schicht folgt, die aus Asche von Reisspelzen und wiederum Rak-Saft besteht. Zuletzt wird das Körbchen nochmals mit schwarzem Baumsaft bestrichen. Dann ritzen Zeichner mit Nadeln Verzierungen in diesen Naturlack, und zum Schluß werden die geritzten Stellen bemalt oder mit Goldlamellen verziert.

47 Silberschmied in Chiang Mai. Das kunsthandwerkliche Zentrum der Silberschmiede liegt in der Hauptstadt des Nordens. Man schmilzt Münzen aus Indien und Laos, und die daraus gewonnene Silberlegierung wird sodann sorgfältig bearbeitet. Gehämmertes Teegeschirr, Tablette, Dosen und Schatullen gehören zu den begehrten Souvenirs aus Thailand.

48 Zum Trocknen aufgestellte Sonnenschirme in Bor Sang. Hübsch bemalte Sonnenschirme aus dem nordthailändischen Dorf Bor Sang können auf vielen Märkten gekauft werden. Während der heißen Trokkenzeit wird sich kaum eine Thai-Frau ohne einen solchen Schattenspender ins Freie begeben.

40

41

42

43

45

46

Die Bewohner Thailands

Die Bewohner des Landes bezeichnen sich als Thai, was «die Freien» bedeutet. Bis zum Zweiten Weltkrieg trug Thailand den Namen Siam; seine Bewohner hießen Siamesen. Der gleichen ethnischen Gruppe wie sie gehören auch die Laoten im Königreich Laos und die Schan in Burma an. Thai-Minderheiten leben heute zerstreut in Südchina, Tongking, Nordvietnam und sogar in Assam, der östlichsten Provinz Indiens.
Anthropologisch betrachtet sind die *Thai* vorwiegend Angehörige der palämongoliden Rasse. Auf ihrer Völkerwanderung sind sie von China her in das Gebiet des heutigen Thailand eingedrungen und haben sich mit den bereits dort ansässigen Mon und Khmer vermischt. Weiter südlich kamen die Thai in Kontakt mit den linguistischen Gruppen der Malaien und der Cham, und zahlreiche Feldzüge beschleunigten den Mischprozeß. Trotz der jahrhundertelangen Völkerwanderung, der Mischung mit anderen Rassen und der verschiedenen kulturellen Einflüsse sind die Thai heute ein erstaunlich homogenes Volk, das sich durch gleiche Lebensweise und ein ausgeprägtes Nationalgefühl auszeichnet.
Die Thai können in verschiedene Regionalgruppen gegliedert werden. Zahlenmäßig stehen die im Landeszentrum lebenden Thai an erster Stelle, die das Delta des Chao Phraya und gewisse Gebiete des Südens bewohnen, dann folgen die Lao im Nordosten, die Thai Yuan im Norden und schließlich die Thai Khorat im Osten. Durch den Ausbau der Infrastruktur verschwinden die Unterschiede zwischen den einzelnen Bevölkerungsgruppen immer mehr. Die Bemühungen der Regierung haben dazu geführt, daß sich heute auch die Lao als Bürger Thailands und als Angehörige der großen Thaigruppen fühlen. Die unmittelbare Nähe der fortschrittlichen Hauptstadt Bangkok hatte zur Folge, daß die zentralen Thai kulturell und wirtschaftlich die führende Rolle übernahmen. Die Thai Yuan hingegen dominieren den Raum von der Nordgrenze bis in die Provinzen Tak und Nakhon Sawan. Ihre Sprache enthält weniger Sanskrit- und Pali-Lehnwörter als das «Königs-Thai» im zentralen Abschnitt. Die Thai Khorat, die hauptsächlich in der Umgebung von Nakhon Ratchasima wohnen, stammen wohl von Armeeangehörigen ab, die im 14. Jahrhundert weite Gebiete Kambodschas erobert hatten.
Die Lebensweise der *Khmer* und der *Mon* unterscheidet sich kaum von derjenigen der Thai. Ohne die große Zahl der Flüchtlinge mit einzubeziehen, zählt man rund 200000 Khmer meist in ehemaligen Gebieten Kambodschas, die von den Siamesen während ihrer Eroberungszüge besetzt worden waren. Die wenigen Khmer-Gemeinschaften westlich von Bangkok bestehen aus ehemals deportierten Kriegsgefangenen. Auch die ungefähr 100000 Mon, die in den Provinzen Ratburi (in der Nähe von Bangkok) und Kanchanaburi (im Westen) wohnen, sind entweder Nachkommen früherer Kriegsgefangener oder aber Flüchtlinge aus Burma, die seit 1600 in mehreren Wellen in Thailand eingewandert sind. In beiden Gemeinschaften wird neben der Muttersprache auch Thai gesprochen.
Mit rund 4 Millionen Angehörigen bilden die *Chinesen* die bedeutendste Minderheit innerhalb der 47 Millionen zählenden Bevölkerung. Sie wurden zur Regierungszeit Ramas IV. als Kaufleute nach Bangkok gerufen und machen heute beinahe die Hälfte der Einwohner der Hauptstadt aus. Auch in den anderen größeren Siedlungen Thailands treten Chinesen im Geschäftsleben und als Handwerker hervor. Früher verursachte diese die Wirtschaft maßgeblich beeinflussende Minderheit oft genug Probleme, da die Chinesen es vorzogen, in geschlossenen Wohnvierteln zu leben, miteinander in ihrer Sprache zu verkehren und den Ahnenkult zu pflegen. Noch heute bestehen vor allem in Bangkok eigentliche Chinesenviertel mit eigenen Kultstätten, aber die chinesischen Geschäfte werden jetzt auch mit thailändischen Schriftzeichen angeschrieben. Obwohl sich die Chinesen Thailands neuen Vorschriften anpassen mußten, wurde das Verhältnis zwischen der Bevölkerungsmehrheit und der chinesischen Minderheit nicht in dem Maße getrübt wie etwa in Malaysia oder Indonesien, wo Streifzüge der aufgehetzten Einheimischen zu Blutbädern unter den Chinesen führten und zur Folge hatten, daß diese sich nachher noch mehr isolierten. Dank einer Politik der Absorbierung verlief der Assimilierungs-

prozeß in Thailand relativ rasch und problemlos. Gesetze schrieben den chinesischen Schulen vor, die Unterrichtszeit in thailändischer Sprache auf Kosten des Chinesischen zu erhöhen, und die Sendezeit für chinesische Radioprogramme wurde eingeschränkt. Wer die thailändische Nationalität annahm, erhielt Steuervergünstigungen und genoß zudem Erleichterungen im Geschäftsleben. Bis heute sind deshalb die meisten Angehörigen der früheren Minderheit Thailänder geworden. Sie sprechen die Sprache ihrer neuen Heimat, haben häufig thailändische Namen angenommen und suchen sich manchmal sogar ihre Ehepartner unter den Thai.

Mühsamer ist es, die zahlenmäßig zweitwichtigste Minderheit ins Volksganze einzugliedern. Über 1 Million *Thailänder malaiischer Abstammung* bewohnen vor allem die südlichsten Provinzen Thailands auf der Malakka-Halbinsel. Sie unterscheiden sich nicht nur durch ihre andere Kleidung von den Thai, sondern auch durch Sprache und Religion. Ihre Sprache ist diejenige des benachbarten Malaysia, ihre Religion der Islam. Religiöse und kulturelle Mittelpunkte der Dörfer und Städte sind die Koranschulen und Moscheen, und die Lebensgewohnheiten sind streng an die Vorschriften des Korans gebunden. Die Fastenzeit des Ramadan zum Beispiel wird ebenso strikt eingehalten wie im Mutterland des Propheten, und der Genuß von Schweinefleisch ist verpönt. Lebensziel jedes thailändischen Muslim ist die Wallfahrt nach Mekka. In den öffentlichen Schulen der vier südlichsten Provinzen wird neben der thailändischen Sprache auch die malaiische gelehrt, und die Kinder werden in das islamische Schrifttum eingeführt.

In städtischen Siedlungen wohnen rund 70000 *Inder.* Ähnlich wie die Chinesen sind sie vor allem im Geschäftsleben tätig, wobei sie häufig mit Textilien handeln oder als Geldausleiher fungieren.

8000 christliche *Vietnamesen* leben seit Mitte des 19. Jahrhunderts in Chanthaburi und Umgebung. Die meisten arbeiten als Bauern und leben wenig assimiliert in Enklaven, die sich durch Sprache, Sitten, Gebräuche und Religion – in Chanthaburi steht für sie eine katholische Kathedrale – deutlich von ihrer Umgebung unterscheiden. Schwierigere Probleme als diese Glaubensflüchtlinge aus Annam stellten die zahlreichen Vietnamesen, die während des indochinesischen Krieges in Nordostthailand Zuflucht suchten und oft aus ihrer Sympathie für Hanoi kein Hehl machten. Und heute drückt die Flüchtlingslast, die Thailand seit den späten siebziger Jahren erwächst. 1979 lieferte Indochina viele Schlagzeilen. Vietnam marschierte in Kambodscha ein, China – in einer befristeten Strafaktion – in Vietnam. Zu Hunderttausenden flüchteten die Menschen zu Wasser und zu Land aus Vietnam, Laos und Kambodscha. Neben den immer noch rund 150000 bereits zuvor aus Laos und Vietnam Vertriebenen ist seit der Hungerkatastrophe eine über doppelt so große Zahl von Khmer auf thailändischem Boden vorübergehend ansässig geworden. Betroffen sind vor allem die von Grenzgefechten und kommunistischen Aufständen heimgesuchten und durch den Zustrom von Flüchtlingen vertriebenen thailändischen Bauern. Zwanzigtausend haben ihre Dörfer an der Grenze aus Sicherheitsgründen – oder weil die Häuser niedergebrannt wurden – verlassen müssen. Eine wirtschaftliche Schädigung erwächst der Region zusätzlich durch überdurchschnittliche Preissteigerungen im Gefolge des Flüchtlingsstroms. Skrupellose Kaufleute hingegen profitieren vom Handel mit den Flüchtlingen und dem Schmuggel nach Kambodscha.

Das Grenzgebiet zu Kambodscha ist Militärzone. Insgesamt lebten 1980 hier zwischen 300000 und 500000 sogenannte «neue Khmer-Flüchtlinge», die von der thailändischen Regierung als illegale Einwanderer betrachtet werden. So liegt unweit des thailändischen Grenzstädtchens Aranyaprathet die größte Kambodschanersiedlung der Welt, das von Stacheldraht umgebene Lager Khao i Dang, mit 113000 Insassen. Die hier tätigen Organisationen des Internationalen Komitees vom Roten Kreuz (IKRK) und des Kinderhilfswerkes (UNICEF) sowie zahlreiche private Hilfswerke betreuen diese Unglücklichen.

Angehörige westlicher Länder bilden zwar nur eine verschwindende Minderheit innerhalb des Volksganzen, doch üben sie politisch, wirtschaftlich und im Finanzsektor einen bedeutenden Einfluß aus. Die meisten von ihnen leben in Bangkok, haben hier aber nur in wenigen Fällen ihren permanenten Wohnsitz und sind nur selten der thailändischen Sprache mächtig. Aus der Tatsache, daß ihre Anzahl mehr oder weniger konstant bleibt, darf nicht geschlossen werden, daß sie längere Zeit in Thailand leben. Sie bleiben meistens nur einige Jahre in Bangkok und werden dann von Neuzuzügern abgelöst. Diese Rotation nach kurzer Zeit erschwert oder verhindert ein Einleben in die Mentalität des Gastlandes. Der Einfluß der kleinen Gruppen ist jedoch bedeutend, da die Thai manchmal vorbehaltlos den westlichen Lebensstil zum Vorbild nehmen. Oberflächliche Äußerungen westlicher Kultur, wie zum Beispiel Kleidung und Schlagermusik, werden denn auch häufig kopiert. Einerseits bewundert man als Thailänder die amerikanische und europäische Lebensart, anderseits aber beklagt man sich über die Steigerung der Lebenskosten, die mit der aufwendigeren Lebensweise der Ausländer verbunden ist. Thailand war nie westliche Kolonie, deshalb ist die Anzahl der *Eurasier* im Lande gering. Wenige Europäer und Amerikaner, die dauernden Wohnsitz in Thailand haben, sind mit Einheimischen verheiratet. Umgekehrt bringen manchmal Thailänder, die im Ausland studiert haben, ihren Ehepartner aus dem Gastland mit. Glücklicherweise beeinträchtigt keine Rassendiskriminierung die Jugendzeit von Mischlingskindern. Eurasier werden in den meisten Fällen ohne Schwierigkeiten von der Thai-Gesellschaft absorbiert. Zu den erwähnten Minoritäten, die verschiedenen Hochkulturen angehören, kommen andere Bevölkerungsgruppen, die mehr oder weniger isoliert von der Zivilisation unbeirrt in ihrer alten Tradition weiterleben. Die *Chao Nam* zum Beispiel hatten bis vor kurzer Zeit kaum einen festen Wohnsitz auf dem Festland. Ihr Name bedeutet «Meermensch» (malaiisch = Orang Laut). Sie werden in der englischen Übersetzung als «Sea Gipsies» (Meerzigeuner) bezeichnet und leben vor allem an der Westküste der Malakka-Halbinsel, wo sie ihren Lebensunterhalt mit dem Fangen von Krebsen und Fischen verdienen. Oft tauchen die Chao Nam auch nach Perlaustern und Perlmuttermuscheln. In einigen Gebieten von Südwestthailand haben sich die einstigen «Meerzigeuner» in permanenten eigenen Siedlungen niedergelassen.

Hügelstämme und Waldbewohner

Dschungelbewohner und Angehörige der in abgelegenen Gebirgsgegenden lebenden Hügelstämme gehören Völkern an, die in keiner Weise mit den Thai verwandt sind. Diese ungefähr 300000 Menschen können in vier Großgruppen folgendermaßen gegliedert werden:

Die Hügelstämme, deren Angehörige ursprünglich in China lebten und dann nach Thailand einwanderten. Sie leben in Dörfern, die in Höhen zwischen 1000 m und 1500 m liegen. Zu diesen stammesgebunden lebenden Gruppen gehören die Meo, Yao, Akha, Lisu, Lahu und andere. Durch ihre verschiedenartigen, bunten Trachten sowie durch Sitten und Gebräuche lassen sich die einzelnen Stämme leicht voneinander unterscheiden. Mit der Aufzucht von Geflügel, Schweinen und Hunden, gelegentlich auch Wasserbüffeln und Ponys bestreiten sie ihren Lebensunterhalt und pflanzen Trockenreis und Mais im Brandrodungs-Wanderfeldbau (shifting cultivation) für ihre Lebensmittelversorgung an. Durch Anbau von Schlafmohn (das Ausgangsprodukt für Opium- und Heroingewinnung) verschaffen sich die in bescheidenen Verhältnissen lebenden Bergbewohner etwas Bargeld.

Die Dschungelbewohner, die ursprünglich aus Burma, Laos oder Thailand selbst stammen. Sie leben in engen Gebirgstälern oder auf bewaldeten, niedrigen Hügeln. Zu diesen Völkern zählen die Karen, die Khamu, die Kha T'in und die Lawa. Sie leben vom Reisanbau, von der Aufzucht von Tieren und von der Jagd. Im Gegensatz zu den Hügelstämmen sind sie während längerer Zeit am gleichen Ort seßhaft.

Die Sakai, die von den Ureinwohnern der Malakka-Halbinsel abstammen. Sie leben zurückgezogen im

Regenwald des Südens und kennen keine festen Behausungen, sondern schlafen in provisorischen Laubhütten. Feldbau ist ihnen unbekannt. Als Sammler und Jäger leben sie von Wildfrüchten und Wurzeln; Vögel und Affen erlegen sie mit Hilfe von Blasrohren. Ihrer dunklen Hautfarbe und der schwarzen Kraushaare wegen werden sie als Negritos (Negerlein) bezeichnet.

Die Phi Tong Luang, die kleinste und zugleich primitivste Bevölkerungsgruppe im Raume von Prae, Nan und Chiang Rai. Die nur mit einem Lendenschurz bekleideten, scheuen Angehörigen dieses Wandervolkes bauen sich keine Hütten, sondern schlafen in der Nähe ihrer Feuerstellen unter Bäumen. Sie kennen auch den Feldbau nicht, sondern besorgen sich ihre karge Nahrung durch Einsammeln von eßbaren Wurzeln, Nüssen und Waldfrüchten. In ihrer Gewandtheit im Umgang mit Messer und Speer übertreffen sie auf der Jagd die Hügelstämme. In Zeiten der Not verschmähen sie selbst Käfer und Raupen nicht. Aus Rattanlianen, die sie flechtend verarbeiten, stellen die Phi Tong Luang einfache Tragkörbe und Matten her.

Wie R. Kickert in den Veröffentlichungen vom ersten Symposium des Forschungszentrums für Stammesvölker darlegt, können aufgrund ihrer Lebensweise zwei verschiedene Gruppen von Hügelstämmen unterschieden werden: die Seßhaften und die Wanderbauern. Karen, Lua, Thai Lue und Schan gehören zu den ersteren. Sie wohnen längere Zeit am gleichen Ort, bauen in der Nähe ihrer Dörfer Reis auf Terrassen an und pflanzen Fruchthaine mit Mango-, Jackfruit- und Papayabäumen um die Siedlungen. Sie achten auf eine gute Bodenregeneration und schützen ihr Pflanzland durch Baumgürtel. Den ausgebeuteten Feldern wird eine längere Brachzeit eingeräumt, damit der Boden sich erholen kann. Die langjährige Nutzung der Felder setzt ein genaues Planen voraus. Das Pflanzen der Baumhaine, der Unterhalt der Terrassen und die Sauberhaltung der Rodungsfläche erfordern einen beträchtlichen Aufwand an Arbeit und Kapital. Da frei verfügbares Land im Norden heute immer rarer wird, beginnt sich eine seßhafte Lebensweise abzuzeichnen. Dies wiederum führt dazu, daß sich die Hügelbewohner den benachbarten Lebensgemeinschaften anpassen und die Vorschriften der Behörden beachten müssen. Feste Handelsbeziehungen und Zusammenarbeit mit den Nachbarn sind die Folge, und Mischheiraten fördern das gegenseitige Verständnis. Sie führen aber auch dazu, daß die Stammeskultur Thai-Einflüssen unterworfen ist.

Anders gestaltet sich die Lage der Meo, Yao, Lahu, Lisu und Akha. Als echte Vertreter des Brandrodungs-Wanderfeldbaus (shifting cultivation) sind sie bedeutend beweglicher als die erstgenannte Gruppe. Sie bewirtschaften ihr Land nur für eine begrenzte Zeit und haben die Gewohnheit, nach der Verarmung des Bodens neues Land urbar zu machen. Ihre Anbaumethode bedingt einen geringeren Aufwand an Zeit und Geld, da keine Bodenpflege eingeplant ist. Die Meo und Akha sind erst nach der Jahrhundertwende in Thailand eingewandert und haben sich vorerst in der Provinz Chiang Rai niedergelassen. Spätere Wanderungen haben sie südwärts bis in die Umgebung von Tak und Petchaburi geführt, wo sie sogar teilweise aus der Bergregion in die Täler der Seßhaften vorstießen. Dabei entstand eine ernste Konfliktsituation, weil dem einwandernden Volk fester Landbesitz unbekannt war. Ungenutztes Land stand für die Bewirtschaftung offen, falls es sich für den Anbau eignete. Die brachliegenden Felder der Karen liefen deshalb Gefahr, von den Angehörigen der Meo und Akha in ihren Hackbau miteinbezogen zu werden, was zu Streitigkeiten führte und auch die Erholung des Bodens verhinderte.

Durch die Abgeschiedenheit der Berggegend wird auch heute noch die Eigenständigkeit der Hügelstämme eher verstärkt. Die offiziellen Beamten in den Bezirkshauptorten des dichtbesiedelten Flachlandes, die auch für die Hügelstämme zuständig wären, sind meist mit Arbeit überlastet und haben deshalb nur wenig Kontakt mit der Bergbevölkerung. Den Bergbewohnern selbst bleiben andere Lebensformen fremd, da sie nur selten ihr Gebiet verlassen. In den letzten Jahren hat man dem Siedlungsraum der Hügelstämme allerdings seitens der Regierung vermehrtes Interesse zugewandt, weil viele der Stammesdörfer im strategisch bedeutungsvollen Grenzgebiet zu Burma liegen. Die politischen Auseinandersetzungen mit dem Nachbarstaat haben die thailändische Regierung bewogen, Grenzschutzeinheiten in die abgelegenen Gebiete zu verlegen, um dadurch Infiltrationen burmesischer Guerilleros und auch die kommunistische Beeinflussung der Wandervölker zu verhindern. Dank der Anwesenheit bewaffneter Regierungstruppen kann nun auch das Verbot der Opiumproduktion wirkungsvoller durchgesetzt werden. Die Meo, Yao, Lisu und Lahu würden allerdings kaum Schlafmohn anpflanzen, wenn sich nicht Thai aus dem Tiefland dem lukrativen Handel mit Opium und Heroin widmeten!

Die Bevölkerungszahlen in der Gebirgsregion wachsen ständig, und von verschiedenen Seiten droht die Gefahr der Übervölkerung. Immer mehr Thai verlassen die intensiv genutzten Talbecken und bewirtschaften Neuland in der Hügelzone. Anderseits dringen Angehörige der Bergstämme aus dem benachbarten Burma und Laos in die abgelegenen Grenzräume ein. Die Kindersterblichkeit ist vor allem dort stark zurückgegangen, wo Personal des Gesundheitsdienstes tätig ist. Außenstehenden mag die Bevölkerungsdichte zwar immer noch gering erscheinen, aber man darf nicht vergessen, daß Brandrodungskulturen große Flächen für den einzelnen voraussetzen. Dazu kommt, daß allzu steile Bergflanken wegen der Bodenerosion für den Anbau ungeeignet sind und daß die mit Sekundärvegetation überwachsenen Gebiete eine lange Erholungsphase brauchen, bis sie erneut genutzt werden können. Die Waldgebiete sind durch das staatliche Forstamt zur Schutzzone erklärt worden; sie dürfen also nicht gerodet und besiedelt werden. Mancherorts haben die vorrückenden Thai die Karen in höher gelegene, von Meo bewirtschaftete Gebiete abgedrängt, wobei sich Konflikte zwischen den Thai und den Karen einerseits sowie zwischen den Karen und den Meo anderseits ergeben. Eine Umsiedlung der Hügelstämme ins Tiefland ist undenkbar, da dort die nutzbare Fläche schon lange knapp geworden ist, wegen Wassermangel die Reisfelder nicht beliebig vergrößert werden können und zudem die freien Bergvölker sich einem solchen Umsiedlungsprogramm widersetzen würden. Brandrodungskulturen für die Selbstversorgung scheinen in nächster Zukunft die einzig mögliche Art der Landwirtschaft in den abgelegenen Gebirgsgegenden zu sein. Eine Mehrproduktion kommt kaum in Frage, da die Verbindungswege für den Absatz von Marktprodukten weitgehend fehlen. Die Regierungsbestimmung, wonach der Bergwald ausnahmslos nur durch beschränkte Konzessionserteilung zur Nutzung freigegeben werden darf, ist sehr streng gefaßt. Strafen wegen illegalen Fällens von Bäumen schaffen Verbitterung unter den Hügelstämmen und scheinen oft nicht im Verhältnis zur Straftat zu stehen. So wurden zum Beispiel im Frühling 1973 durch Forstangestellte ganze Dörfer der Holzfrevler niedergebrannt. Viele Wälder sind zudem gar nicht schützenswert, da sie einen minderwertigen Baumbestand aufweisen. Es wäre deshalb sinnvoll, die Holzreserven nur dort zu kontrollieren, wo Pinien, Teak oder andere wertvolle Hölzer wachsen. Im übrigen, zum Fällen freigegebenen Wald müßte man den Landbesitz regeln und die Stammesfamilien unter dem Schutz der Behörden zu geordneter Nutzung anhalten. Die eindringenden Meo, Lisu und Lahu würden dann möglicherweise auch ihre Anbaumethoden ändern. Die Regierung hat sich verschiedene Ziele gesetzt, um die Entwicklung und die Wohlfahrt der Hügelstämme zu fördern. Der Raubbau soll dadurch verhindert werden, daß man zur Bestellung der Felder von festen Siedlungen aus übergeht. Mit der Einführung neuer Marktprodukte hofft man, den illegalen Opium-

und Heroinhandel unterbinden und die sozialen und wirtschaftlichen Verhältnisse verbessern zu können. Durch Einbeziehung der Bergbevölkerung ins Staatsganze soll das weitgehend fehlende Nationalgefühl geweckt werden. Die Behörden erhoffen sich dadurch gleichzeitig eine bessere Sicherung ihrer Grenzgebiete. Die folgende Zusammenstellung vermittelt einen Einblick in den traditionellen Jahresablauf der Brandrodungsbauern:

- November bis Februar: Durch Waldbegehungen werden mögliche Anbaugebiete ausgekundschaftet. In Diskussionen bestimmt man die Rodungsparzellen.
- Februar bis Mitte März: Rodungsarbeiten.
- April: Wiederholtes Abbrennen der abgeholzten Waldfläche.
- Mai bis Juni: Hacken der Felder und Anpflanzen von Reis und Mais.
- Sommermonate: Unkrautbeseitigung in den Pflanzungen.
- Juni, August, September, Oktober: Anbau von Marktprodukten wie zum Beispiel Schlafmohn, Paprika usw.
- September bis November: Reisernte.
- November, Dezember: Dreschen.
- Dezember, Januar: Ernte speichern; Verkauf von Überschußprodukten. Ernte der Marktprodukte.

An freien Tagen oder während arbeitsextensiver Zeiten fischen und jagen die Stammesangehörigen, sammeln Waldfrüchte oder führen Handarbeiten aus.

Der Aufbau eines Akha-Dorfes

Die meisten Akha-Siedlungen liegen nördlich des Mae Nam Kok, der von der burmesischen Grenzregion durch Vororte von Chiang Rai hindurch dem Mekong zufließt. Neben den Akha bewohnen auch Lahu, Lisu, Karen und weitere Hügelvölker diesen Raum. Akha-Dörfer bestehen aus 5 bis 48 Wohnhäusern mit 20 bis 300 Einwohnern. Größere Dörfer sind im allgemeinen stabiler als Kleinsiedlungen, die nach wenigen Jahren wieder aufgegeben werden oder sich durch Neuzuwanderer zu Großdörfern ausweiten. Dies bedeutet jedoch nicht, daß die Bewohner bedeutenderer Siedlungen seßhaft sind, sondern es verlassen immer wieder einzelne Familien ihr Dorf, um sich andern Akha-Gemeinschaften anzuschließen. Die relative Stabilität der Großdörfer beruht darauf, daß bestimmte Familien während längerer Zeit dieselbe Siedlung bewohnen.

Verschiedene Gründe bewegen die Stammesangehörigen zur Aufgabe ihrer Häuser. Die Bodenverarmung in Dorfnähe, Zwistigkeiten mit dem Dorfchef oder Dispute um die Nachfolge bei dessen Ableben, Auseinandersetzungen mit den Thai-Behörden, Streitigkeiten mit Bewohnern von Nachbardörfern, grassierende Seuchen, das Fehlen von Schamanen, der Wunsch, Schlafmohn in unkontrollierten Gegenden anzubauen – all dies kann zum Zerfall der Gemeinschaft führen.

Die Akha-Siedlungen haben meist eine prächtige Lage, von der aus die Hangfußregion überblickt werden kann. Jedes Dorf besteht aus Groß- und Kleinhäusern. Großhäuser gehören Familien, die wirtschaftlich und rituell unabhängig sind. Am Dachsparren ist ein Bambusrohr aufgehängt, das Reis enthält und dem Geist des Reises als Wohnsitz dient. Die Hütten unmittelbar hinter dem Großhaus werden von verheirateten Söhnen bewohnt, die wirtschaftlich und rituell vom Vater abhängig sind. In größerer Entfernung vom Vaterhaus liegen die kleinen Häuser der Söhne, die wohl wirtschaftlich, nicht aber rituell unabhängig sind. Leere Kleinhäuser gehören wirtschaftlich Abhängigen, die an den Elternhof gebunden sind, aber rituell selbständig handeln dürfen. Die Pfahlbauten bestehen aus Brettern, Holzpfosten, Bambusrohren und geflochtenen Bambuswänden, und die Dächer sind mit Langgras gedeckt. Die Veranden sind über Leitern erreichbar und dienen als Aufenthaltsraum während des Tages. Die Häuser besitzen lediglich einen einzigen großen Raum, der aus dem Schlafabteil für Frauen und Kinder, der Aufenthaltsecke und einer offe-

nen Herdstelle besteht. Jeder Familienhof ist eingezäunt. Neben dem Wohnhaus befinden sich Speicher für Reis und Mais sowie geschützte Plätze für die Lagerung von Brennholz. Mancherorts pflanzen die Familien Gemüse und besitzen einige Obstbäume.
Unter schattigen Bäumen liegt der Treffpunkt der Unverheirateten, der durch ein hohes Gerüst aus schlanken, ober zur Spitze zusammenlaufenden Stangen markiert ist. Schaukeln und Bänke befinden sich in unmittelbarer Nähe. Tagsüber ist dieser Platz menschenleer. Erst nach Einbruch der Dunkelheit setzen sich die Mädchen auf die Holzbank und singen, bis die Burschen erscheinen. Diese nähern sich mit Blasinstrumenten (Naw), denen sie dudelsackähnliche Töne entlocken. Bei Gesang und gemeinsamen Reigen verbringen die jungen Leute die Abende und entdecken dabei ihre gegenseitige Zuneigung. Hand in Hand verlassen einzelne Pärchen die fröhliche Schar und verschwinden in der Dunkelheit.
Das engere Dorfgebiet kann nur durch zwei Tore betreten werden, die von einem dichten Pflanzenzaun umgeben sind. Die Akha glauben, daß diese Pforte, die aus zwei Vertikalpfosten und einem darüber liegenden Querbalken besteht, von einem weiblichen und einem männlichen Geist bewohnt wird, die beide die Bewohner beschützen, indem sie böse Geister und schlechte Einflüsse fernhalten. Außen an den Vertikalpfosten lehnen aus Holz geschnitzte Phallussymbole und Frauenfiguren. Jedes Jahr wird ein zusätzliches Holztor angefertigt, so daß aus der Anzahl der Tore das Alter der Dorfsiedlung bestimmt werden kann. Nicht weit von der Hauptpforte entfernt befinden sich weitere, von Geistern bewohnte Tore. Außentore, sogenannte Ya Kan, liegen an Fußwegen, die zum Nachbardorf führen. Sie haben keine religiöse Bedeutung, sondern sollen die weidenden Tiere fernhalten.
Der Altar für den Erdgeist befindet sich im Dorf selber, und zwar meistens in der Nähe des oberen Endes der Siedlung. Ein weiteres Heiligtum ist die vom Geist des Wassers bewohnte Quelle, deren Naß nicht dem Alltagsgebrauch, sondern lediglich Kulthandlungen dient. Die Quellen für die Trinkwasserversorgung liegen oft an Steilhängen abseits des Dorfes. Hier müssen die Frauen das Wasser holen; schon beim Morgengrauen beginnen sie, Bambusröhren oder Töpfe zu füllen und sie in ihren Haushalt zu tragen. Akha, die länger am gleichen Ort seßhaft sind, haben Bambusrohre der Länge nach halbiert und daraus Wasserleitungen gebaut, die das ganze Dorf mit Frischwasser versorgen. – In bewaldeten Gegenden außerhalb des Dorfes liegen die Begräbnisstätten. Sie werden im Alltag gemieden und nur bei der Beerdigung eines Stammesangehörigen aufgesucht.
Das Ackerland befindet sich im benachbarten Hügelgebiet, manchmal mehrere Marschstunden vom Dorf entfernt. Nach der Rodung – aber noch vor dem Anbau – wird eine temporäre Feldhütte erstellt. Längs des Fußpfades, der die Äcker mit der Siedlung verbindet, werden kleine Speicher gebaut, die so lange der kurzfristigen Aufbewahrung der Ernte dienen, bis diese zum Hauptspeicher im Familienhof transportiert wird. Die einzigen rechtlichen Vorschriften betreffen die Nutzung, die jedem Akha auf dem unbebauten Land erlaubt ist. Die Ackerbaugeräte, die ganze Ernte und die Haustiere gehören der Familie, die Häuser jedoch sind Besitz des Haushaltvorstehers. Sie werden seinem ältesten Sohn weitervererbt. Waffen, Silberschmuck und Kleider sind Individualbesitz. Der Schmuck wird manchmal während der Brautwerbezeit an junge Heiratslustige ausgeliehen. Daneben gibt es noch den Familienschatz, der aus Silbermünzen und Silberbarren besteht, die beim Ableben des Vaters unter seinen Söhnen verteilt werden. Der älteste und der jüngste Sohn erhalten dabei einen größeren Anteil als die «mittleren» Brüder.
Dorfbewohner können bei Verstößen gegen den Moralkodex oder bei Nichtbeachten ritueller Vorschriften aus der Siedlung ausgestoßen werden. Wenn der Stammesangehörige darauf verzichtet, weiterhin ein Akha zu blei-

ben, ist er verpflichtet, seine Zeremoniengeräte wegzuwerfen. Auch Außenstehende können durch Adoption Akha werden, was aber nur selten vorkommt. Häufiger verkaufen die Akha einige ihrer Kinder an Yünnanesen, Yao oder Lisu. Diese Jugendlichen wachsen dann gemäß den Sitten und Gebräuchen der Adoptiveltern auf. Angeheiratete aus anderen Bergstämmen werden nicht als Akha anerkannt, wohl aber geduldet.

Im Normalfall leben fünf bis zehn Personen in einem Haushalt zusammen: der Haushaltvorsteher und seine Ehefrau, der älteste Sohn mit Frau und Kindern und der jüngste Sohn. Die «mittleren» Söhne werden nach der Heirat im Hof des Vaters ihr eigenes Haus bauen. Die Angehörigen ein und desselben Haushaltes bilden eine geschlossene soziale, rituelle und wirtschaftliche Einheit. Zusammen bepflanzen sie die Berghänge mit Trockenreis, kümmern sich um ihre Haustiere, sammeln Holz, versorgen die Familie mit Trinkwasser, kochen und essen, spinnen, weben und hüten die Kleinkinder. Rituell abhängige Haushalte schließen sich der Familie des Haushaltvorstehers für die vorgeschriebenen Handlungen und Zeremonien an. Nach dem Tode des Familienoberhauptes übernimmt der älteste Sohn die Stellung seines Vaters. Die Kinder genießen eine sorgenfreie erste Jugendzeit. Vom 5. Lebensjahr an werden sie nach und nach in kleine Arbeiten und Pflichten eingeführt, und nach Erreichen des 15. Lebensjahres werden die Knaben, mit 13 Jahren die Mädchen als erwachsen betrachtet. Das durchschnittliche Heiratsalter der Burschen liegt zwischen 15 und 19 Jahren, dasjenige der Mädchen zwischen 13 und 18 Jahren. Selten nur finden die Vermählungen nach dem 20. Lebensjahr statt. Ein Akha-Mann kann gleichzeitig höchstens drei Ehefrauen haben. Die zweite Frau darf nur im Einverständnis mit der ersten gewählt werden. Die Gattinnen leben mit ihren Kindern in gemeinsamem Haushalt. Schon Kleinkinder stellen als zusätzliche Arbeitskräfte wertvolle Hilfen für den Haushaltvorsteher dar. Frauen dürfen nur mit einem einzigen Mann verheiratet sein, doch sind Scheidungen sowohl für Männer als auch für Frauen ohne große Formalitäten möglich. Geschiedene und Verwitwete heiraten meistens wieder. Wohlhabende Männer, die fleißige Söhne haben, ziehen sich im Alter von 40 Jahren von der Arbeit zurück. Sie halten sich dann den ganzen Tag im Dorf auf, spielen mit ihren Enkelkindern, flechten Körbe und hüten die Schweine. Gerne wird bei endlosem Palaver Tee getrunken, und nur selten geht während des Tages die Tabakspfeife aus. Frauen hingegen sind bis zu ihrem Lebensende zu aktiver Arbeit im Haushalt verpflichtet.

Jedem Akha-Dorf stehen ein oder mehrere Dorfchefs vor, deren Amt meistens vererbt wird. Es steht aber auch andern Männern frei, sich um die Stelle des Dorfvorstehers zu bewerben, dem in erster Linie richterliche Gewalt zukommt. Er schlichtet Streitigkeiten unter den Dorfbewohnern, fällt zusammen mit den Ältesten und den Ritualvorstehern das Urteil über Dorfangehörige, die gegen die Moral verstoßen haben, setzt Strafen fest und überwacht auch Zeremonien, an denen sämtliche Bewohner mit Ausnahme der schwangeren Frauen teilnehmen. Es kann vorkommen, daß bei schwerwiegenden Unstimmigkeiten zwischen Dorfbewohnern und ihren Vorstehern einzelne Familien die Siedlung verlassen und Anschluß an ein anderes Akha-Dorf suchen.

In jeder Akha-Siedlung leben Männer, die mit Geistern Kontakt aufnehmen können und das hierfür notwendige Ritual beherrschen. Sie haben sich ihr Wissen durch intensives Studium und eine eigentliche Lehre erworben und sind um so angesehener, je mehr Ritualtexte sie beherrschen und je besser ihre Zeremonienkenntnisse sind. Die geistigen Führer – die Pi Ma – wissen, welche Riten jedes Schlachtopfer erfordert. Als Opfertiere kommen Hühner, Schweine und Hunde, Ziegen, Enten und Wasserbüffel in Frage, wobei Hühner die niedrigsten, Wasserbüffel die höchsten Gaben darstellen. Nie dürfen Ziegen und Hunde gemeinsam geschlachtet werden.

Wegen seines Wissens um die geistigen Zusammenhänge genießt der religiöse Führer hohes Ansehen innerhalb der Dorfgemeinschaft. Seine materielle Entlohnung besteht aus dem Fleisch der Opfertiere.

Streitigkeiten innerhalb einer Familie werden, wenn irgend möglich, familienintern geregelt. Nur wenn die Situation ausweglos erscheint, wird der Dorfvorsteher beigezogen. Werden hingegen Vergehen gegen die Geister oder gegen die gemeinsamen Ahnen bekannt, so schreitet der Chef sofort ein. Wenn verschiedene Dörfer – auch solche anderer Stämme – in die Auseinandersetzung mit einbezogen sind, wird die Lage unter allen betroffenen Dorfvorstehern gemeinsam erörtert. Dann wird im Dorf, in dem die Verstöße geschahen, eine Versammlung einberufen und Gericht gehalten. Nur wenn keine Einigung erzielt werden kann, fordert man Hilfe von außen an.

Neben der Beherrschung der zeremoniellen Vorschriften und ihrer Texte muß ein Pi Ma auch die geeigneten Daten für Anlässe und Zeremonien bestimmen können. Für die Akha in Thailand gibt es keine Organisationen oder Autoritäten, die *über* den Dorfgemeinschaften stehen. Durch Verwandtenbesuche, Heiraten oder Handelsbeziehungen hat der Akha Kenntnis von den Sitten und Gebräuchen der Nachbarn, pflegt aber kaum engere Beziehungen zu den Bewohnern der Tiefländer, weil er nur selten ihre Märkte besucht. Er fürchtet, auf den langen Fußmärschen von Wegelagerern überfallen zu werden. Da die Akha ihre Gewehre nicht registrieren lassen und deshalb auch keine Waffenscheine besitzen, sehen sie sich gezwungen, ihre illegal getragenen Waffen im letzten Dorf vor Erreichen der Ebene bei vertrauenswürdigen Bekannten zu deponieren. Danach sind sie schutzlos den Angriffen der Gesetzlosen preisgegeben.

Akha-Dorf: Holzfiguren vor Dorfeingang

49 Brandrodung bei Chalerm Larp (Südostthailand). Hügel und Täler bestimmen das Landschaftsbild Südostthailands. Landeinwärts gelegene Hügelzonen sind noch zum größten Teil bewaldet. Einzelne Brandrodungsinseln weisen darauf hin, daß Pioniere Land in Besitz genommen haben, die sich im schwach besiedelten Innern eine neue Existenz aufbauen wollen. Im Vordergrund des Bildes erkennt man eine Aufforstung mit Bombax-Bäumen, die schnell wachsen und deren weiches Holz sich zur Herstellung von Preßplatten eignet.

50 Pioniergehöft im Hinterland von Trat. Die Übervölkerung in den fruchtbaren Ebenen hat dazu geführt, daß viele Bauern auf der Suche nach Neuland in die Dschungelgebiete vorstoßen, wo sie das bisher ungenutzte Areal urbar machen. Bis die abgelegenen Hügelgebiete Ertrag abwerfen, bedarf es langer und mühseliger Arbeit. Erst die Nachkommen werden für die Anstrengungen der Pioniergeneration belohnt werden.

51 Trocknen von Maniok-Schnitzen in Südostthailand. Die regelmäßigen Niederschläge in Südostthailand bieten gute Voraussetzungen für den Anbau tropischer Knollenfrüchte. Der zur Familie der Wolfsmilchgewächse gehörende Maniok *(Manihot utilissima)* ist für die Stärkegewinnung wichtig. Sechs bis neun Monate nach dem Anpflanzen können die Knollen geerntet werden. Sie enthalten 15 bis 22 Prozent Stärke. Die mehrere Kilogramm schweren Wurzelverdickungen werden eingesammelt, gewaschen und zerkleinert und die Schnitze anschließend an der Sonne getrocknet. Das Tapioka-Mehl, die Maniok-Schnitze und -Chips finden im Ausland guten Absatz. Hauptabnehmer der exportierten Produkte sind die Niederlande.

52 Durian *(Durio zibethinus).* Der Durian-Baum ist eine Pflanze, die sich durch Kauliflorie auszeichnet, d.h. die Bäume tragen ihre schweren Früchte an den stärksten Ästen oder am Stamm selbst, jedoch nie in unmittelbarer Bodennähe. Bei *Durio zibethinus* enthält die kopfgroße, stachelige Frucht kastaniengroße Samen, die in einem wohlschmeckenden, aber übelriechenden, fleischigen Samenmantel liegen, den die Einheimischen gerne essen. Der Genuß der «Stinkfrucht» ist allerdings in vielen Hotels untersagt!

53 Jackfruit *(Artocarpus heterophylla).* Die Jackfruit gedeiht ähnlich wie *Durio zibethinus* am Baumstamm. Sie ist die wohl schwerste Frucht und kann ein Gewicht von mehr als 20kg erreichen. Das Fruchtfleisch ist roh, gekocht oder gebacken genießbar. Jackfruit mit Kokosmilch oder in Teig gebacken ist eine beliebte Nachspeise der Einheimischen.

54 Rambutan *(Nephelium lappaceum).* Der Rambutan gehört zur Familie der Seifenbaumgewächse. Das Wort rambutan wird vom malaiischen rambut (das Haar) hergeleitet und ist darauf zurückzuführen, daß die Fruchtwand zahlreiche härchenähnliche Stacheln aufweist. Der süß-saure, weiße Samenmantel ist sehr schmackhaft und erfrischend.

55 Die Edelsteinminen von Nong Bon. Im malariaverseuchten Hinterland von Chanthaburi und Trat versuchen Tausende ihr Glück als Edelsteinsucher. Rubine und Sternsaphire werden seit Jahrhunderten mit einfachen Methoden — hier im Schachtbau — gewonnen. Chinesische Aufseher sitzen Feldherren gleich auf Erdhügeln unter einem Schattendach und überwachen ihre Angestellten mit Sperberaugen, damit ja keiner einen gefundenen Edelstein in die eigene Tasche steckt oder zu lange Ruhepausen einschaltet.

56 Schacht zur Erschließung der edelsteinführenden Schicht. Die edelsteinführende Schicht liegt unter einer ungefähr 10m mächtigen Lehmbedeckung. Während ein Mann den Schacht abteuft, ziehen seine Mitarbeiter mit Hilfe einer einfachen Drehwelle die mit Aushubmaterial gefüllten Körbe herauf und entleeren sie auf die unmittelbar daneben liegende Deponie. Da keine Leitern verwendet werden, ist das Hinuntersteigen in den Schacht mühsam. Den Rücken gegen die eine, die Füße gegen die andere Wand gestemmt, zwängen sich die Grubenarbeiter ruckweise in die Tiefe, aus der sie jeweils nach etwa einer Stunde erschöpft wieder auftauchen.

57 Edelsteinsucher. Ein Claim wird an jeden verpachtet, der sein Glück versuchen will und die nötigen Schürfgebühren bezahlen kann. Um die Betriebskosten niedrig zu halten, arbeitet meistens die ganze Familie an der Ausbeutung der Mine mit. Wenn der Claimbesitzer fremde Arbeitskräfte anstellt, riskiert er, daß ein beträchtlicher Anteil «fliegt», das heißt, daß der Angestellte seinen Fund verheimlicht und ihn unter der Hand verkauft.

58 Waschmethode zum Trennen von Edelsteinen und taubem Material. Der wertvolle Aushub wird an der Oberfläche gewaschen. In kleinen, künstlich angelegten Tümpeln werden zuerst die feinen Schlammanteile aus der geflochtenen Wanne herausgeschwemmt. Durch leichtes Rotieren wird der Wanneninhalt in Bewegung versetzt. Dadurch gerät das wertlose Material, das ein geringeres spezifisches Gewicht aufweist, an den Rand.

59 Trocknen von Tintenfischen. In geschützten Buchten liegen kleine Fischerdörfer, deren Bewohner mit dem Trocknen von Tintenfischen und Crevetten (Garnelen) oder der Herstellung der beliebten Fischsauce Nam Pla ihr Auskommen finden.

51

52

53

54

55

56

Zur Geschichte Thailands

Die Geschichte Thailands ist nicht nur die Geschichte des Thai-Volkes. Bereits vor der Inbesitznahme des Landes durch die Vorfahren der heutigen Thai blühten Kulturen hochzivilisierter Völker, welche die spätere Kulturentwicklung Thailands entscheidend prägten. Folgende Perioden sollen erwähnt werden:

1. Vorgeschichte
2. Herrschaft der Mon und der Khmer
3. Einwanderung der Thai und die Gründung erster, halbwegs unabhängiger Thai-Staaten
4. endgültige Machtübernahme der Thai im Gebiet des heutigen Thailand:
   Sukhothai-Epoche (1238–1350)
   Ayutthaya-Epoche (1350–1767)
   Bangkok-Epoche (1767–1932)
   Ära der konstitutionellen Monarchie (ab 1932).

Genaue Aufzeichnungen bestehen erst seit der Bangkok-Epoche. Für die Geschichte des Königreichs Sukhothai sind die Forscher auf Chroniken benachbarter Staaten sowie auf wenige Steininschriften angewiesen. Bei der Eroberung Ayutthayas durch die Burmesen wurden 1767 die meisten offiziellen Annalen und Chroniken vernichtet. Der in der Geschichtsforschung bewanderte König Rama IV. (Herrschaftszeit 1851 bis 1868) bezeichnete die frühere thailändische Geschichtsschreibung wohl nicht zu Unrecht als «vermischt mit Legenden und nicht immer in befriedigendem Maße glaubhaft». Historische Arbeiten früherer Zeiten wollten in erster Linie Biographien der einzelnen Herrscher, nicht aber Geschichtsschreibung sein.

Vorgeschichte

Zahlreiche Funde belegen, daß schon vor 5600 Jahren Ban Chiang, 500 km nordöstlich von Bangkok gelegen, Herd eines Volkes mit erstaunlicher Kulturstufe war. In systematischen Ausgrabungen sind hier 18 t Artefakte freigelegt und gesammelt worden. Es handelt sich unter anderem um prachtvoll verzierte Töpferwaren sowie Werkzeuge und Schmuck, bereits aus Bronze und Eisen gefertigt. Die archäologischen Ergebnisse belegen, daß die Ban-Chiang-Menschen in einer Agrargesellschaft lebten, feste Behausungen kannten und Tiere zur Feldbestellung domestizierten. Verblüffend sind ihre Metallurgietechniken, die der Bronze- und Eisenzeit anderer Kulturen um viele Jahrhunderte voraus sind.
Jungsteinzeitliche Relikte in der gebirgigen Umgebung von Kanchanaburi (100 km westlich von Bangkok) werden protomalaiischen Einwanderern aus Südchina zugeschrieben, die um 2500 v. Chr. im dichten Dschungel siedelten.
Die Träger der Lung-Shan-Kultur scheinen sich um 1770 v. Chr. in Thailand niedergelassen und hier vor allem Reisanbau betrieben zu haben. Ihr Siedlungsbereich erstreckte sich von der Umgebung des heutigen Lopburi bis zur Malakka-Halbinsel.

Herrschaft der Mon und der Khmer

Seit Beginn der geschichtlichen Zeit sind verschiedene Völker den Flußtälern folgend in die fruchtbaren Ebenen Südostasiens eingedrungen und haben sich hier niedergelassen. Als natürliche, selbsttragende Region war das Flußbecken des Mae Nam Chao Phraya dazu bestimmt, eine zentrale Rolle in Thailands geschichtlicher Entwicklung zu spielen.
Wie W. Wenk vermerkt, war während des 1. bis 6. nachchristlichen Jahrhunderts Thailand Teil des indisierten Funan-Reiches, dessen Zentrum im Mekong-Delta lag. Es wird vermutet, daß die Bevölkerung oder mindestens die herrschende Schicht dieses Reiches den Mon zuzurechnen war. Im westlichen Teil des zerfallenden Funan-Reiches gründeten die Mon ab dem 6. Jahrhundert Staaten im heutigen Thailand, die der Dvaravati-Periode zugerechnet werden. Über den politischen Einfluß von Dvaravati ist wenig bekannt. Im Westen scheint Nakhon Pathom (wörtlich übersetzt: «erste Stadt») die Rolle einer Hauptstadt gespielt zu haben. Andere, nördlicher gelegene Zentren von Teilreichen waren Lopburi und Lamphun. Hingegen weiß man um die große Bedeutung

der Mon als schöpferische Kulturvermittler. Funde von Tempelresten und Buddhastatuen belegen, daß sich die Mon zum Hinayana-Buddhismus (vgl. S. 143) bekannten.
Im 11. Jahrhundert stand das thailändische Gebiet der Dvaravati-Reiche unter Kontrolle der expandierenden Sri-Vijaya-Könige. Der Schwerpunkt dieses buddhistischen Großstaates mahayanistischer Prägung (vgl. S. 129) lag in Sumatra; Zivilisationszentrum in Thailand war Ligor, das heutige Nakhon Si Thammarat. Sein innerer Zerfall führte dazu, daß Zentralthailand im 12. Jahrhundert in den Einflußbereich der mächtigen Khmer-Könige geriet. In den Gebieten des heutigen Malaysia und Südthailands vermochten die indonesischen Herrscher ihren Einfluß weiterhin zu behaupten.
Wie die Mon, so waren auch die Khmer ein Volk, das der austroasiatischen Sprachfamilie zuzurechnen ist. Sie hatten sich in der Schwemmlandebene des südlichen Mekong niedergelassen und beeinflußten von Angkor aus das politische Geschehen in Südostasien in entscheidendem Maß. Die zu Ehren der Gottkönige erstellten Tempelbauten in Angkor zeugen von den künstlerischen Leistungen dieses hochzivilisierten Volkes. Wichtiger Khmer-Stützpunkt innerhalb Thailands war das im Nordosten gelegene Phimai, das durch eine 240 km lange Straße in direkter Verbindung mit der Hauptstadt Angkor stand. Das in neuester Zeit fachgerecht renovierte Heiligtum von Phimai zählt zu den bedeutendsten Beispielen der Khmer-Kunst in Thailand. Im Gegensatz zur Geschichte der Mon lassen sich die Daten der Khmer in Thailand aufgrund von Steininschriften belegen. Während des 8. und 9. Jahrhunderts brachten sie Nordostthailand unter ihre Kontrolle. Eine Inschrift besagt, daß Ayutthaya bereits um 937 eine Khmer-Stadt war. Im Kampf gegen die Mon-Reiche eroberten Truppen des Khmer-Königs Suryavarman I. Zentralthailand, wobei sich Lopburi zum politischen und kulturellen Schwerpunkt entwickelte.

Einwanderung der Thai und die Gründung erster, halbwegs unabhängiger Thai-Staaten

Zahlreiche Kriege und die unermüdliche Bautätigkeit schwächten die Macht der Khmer, so daß sie das Vordringen der Thai aus dem Norden nicht aufzuhalten vermochten. Das Kernstück des heutigen Thailand wurde den Khmer im 13. Jahrhundert entrissen. Das Thai-Königreich von Sukhothai weitete seinen Einflußbereich nach Süden aus und brachte das Gebiet unter weitgehende Kontrolle der eingewanderten Thai.
Die Herkunft der Thai und die Einwanderung in ihr heutiges Siedlungsgebiet liegt weitgehend im dunkeln. Gemäß einer älteren Hypothese stammen die Thai ursprünglich aus dem Bergland des Altai. Im Zuge der Völkerwanderung wären dann die Thai nach Osten gezogen und hätten sich um 1500 v. Chr. in den Ebenen des Gelben Flusses niedergelassen. Die spätere chinesische Besiedlung dieser fruchtbaren Gebiete müßte die Thai gezwungen haben, entweder nach Süden abzuwandern oder im chinesischen Reich aufzugehen. 651 n. Chr. sollen sich die verschiedenen Thai-Stämme zusammengeschlossen und das unabhängige Königreich Nan Chao gegründet haben. Die Beziehungen des geschichtlich belegten Nan Chao zu China waren zeitweise recht gespannt. Um sich vom chinesischen Joch zu befreien, hätten sich die Thai in geschlossenen Gruppierungen südwärts verlagert und bereits Jahrhunderte vor Kublai Khans Kriegszügen in Nordthailand niedergelassen.
Gemäß einer neuen Hypothese sollen die Thai aus den südchinesischen Provinzen Kwangsi und Kwantung stammen, von wo aus sie ihre Wanderungen entlang den großen Strömen Mekong, Mae Nam Chao Phraya, Salween und Irawadi in die fruchtbaren Schwemmlandebenen begannen. Die These, daß das Königreich Nan Chao ein Thai-Reich gewesen sei, kann nicht belegt werden. Die erste urkundliche Erwähnung der Thai im südost-

asiatischen Raum findet sich erst in einer aus dem 11. Jahrhundert stammenden Inschrift der Cham, die in Teilen des heutigen Kambodscha und Vietnam einen Staat gegründet hatten. Diese Quelle spricht von «Syam-Sklaven». Thai-Kontingente als Hilfstruppen der Khmer sind auch auf den Basreliefs von Angkor Wat dargestellt, und in Inschriften in Pagan (Burma) sind Thai als Tempelsklaven erwähnt.

Im Verlauf von zwei bis drei Jahrhunderten haben die zugewanderten Thai in bestimmten Landesteilen die heimische Bevölkerung überlagert. Gegen Ende des 13. Jahrhunderts hatten sich die Thai in den Gebieten der vier großen Ströme Südostasiens festgesetzt, und die Schan kontrollierten weite Teile des heutigen Burma. Im 14. Jahrhundert schlossen sich die Lao zum Königreich Lan Xang zusammen, das ungefähr mit dem heutigen Staatsgebiet von Laos übereinstimmt. Im Norden des heutigen Thailand bestanden Kleinfürstentümer, deren Zentren Chiang Saen, Chiang Rai und Chiang Mai waren.

Endgültige Machtübernahme der Thai

1238 besiegten die Thai unter Führung zweier Adliger die Truppen des Khmer-Kommandanten in Sukhothai. Die eroberte Stadt wurde zur neuen Hauptstadt des unabhängigen Thai-Staates erkoren. Der erste Thai-König, Sri Intaratitya, im Volksmund Phra Ruang genannt, wird noch heute als Held verehrt, weil er seine Untertanen aus der Knechtschaft der Khmer zur Freiheit geführt hat. Bedeutender als der legendenumwobene Dynastiebegründer war aber dessen dritter Sohn und Nachfolger auf dem Thron, König Rama Khamheng. Er machte seinem Namen «Rama, der Starke» Ehre, indem er die ganze Schwemmlandebene – hauptsächlich auf Kosten der Khmer – eroberte und seine Macht bis in die vom Sri-Vijaya-Reich kontrollierten Gebiete auf der Malakka-Halbinsel ausdehnte. Die Westgrenze des Großreiches Sukhothai lag am Golf von Bengalen, seine Ostgrenze in Laos. Um sich gegen das mächtige China abzusichern, besuchte Rama Khamheng kurz nach Marco Polos Abreise nach Venedig zweimal Peking, wo es ihm gelang, direkte diplomatische Beziehungen zwischen den beiden Großstaaten herzustellen. Auch mit den benachbarten Thai-Königreichen unterhielt er freundschaftliche Kontakte.

Den Thailändern ist Sukhothai Ausgangspunkt für das seither unabhängige Königreich und zugleich Wiege der Thai-Kultur. Elemente der verschiedensten Zivilisationen, mit denen die Thai in Berührung gekommen waren, wurden auf bemerkenswerte Weise absorbiert und beeinflußten die neue Stilrichtung.

Die bereits bestehenden Beziehungen zu China wurden dadurch gefördert, daß 500 chinesische Handwerker nach Thailand geholt wurden, welche die Herstellung glasierter Töpferwaren in Thailand bekannt machten. Auf verschiedenen Handelswegen brachte man indische Statuen und Werke der Literatur nach Sukhothai. Von Kambodscha übernahm das Thai-Reich in erster Linie Elemente der politischen Staatsorganisation, dann aber auch die Schrift. Rama Khamheng gilt als Schöpfer des Thai-Alphabets; eine Inschrift besagt, daß die Buchstaben bestünden, weil sie der König erfunden habe. Die neue Buchstabenschrift ist aus einer Anpassung der Khmer-Kursivschrift aus dem 13. Jahrhundert an die Thai-Sprache hervorgegangen. Sukhothai und Sawankhalok, zwei Städtenamen, sind zu Stilbezeichnungen für frühe klassische Thai-Plastiken geworden, die den Kontakt zu Burmesen und Mon erkennen lassen. Die bedeutendsten Meisterwerke thailändischer Skulptur stammen aus dieser Epoche. Ceylonesische Mönche am Hof von Sukhothai festigten das Glaubensgut des Hinayana-Buddhismus, der bis heute Staatsreligion geblieben ist. In der Hauptstadt standen über 80 Klöster, deren Ruinen noch heute vom klassischen Kunstempfinden der Sukhothai-Herrscher Zeugnis ablegen. Ein glückliches Volk lebte unter einem fähigen und großzügigen König, dessen wohl bekannteste Steininschrift die thailändische Lebensfreude widerspiegelt: «Wer spielen möchte, spiele. Wer Lust hat zu lachen, der lache, und wer jubeln will, der juble!»

Kurz nach dem Ableben von Rama Khamheng setzte bereits der Zerfall des mächtigen Königreiches ein. In dem Maße, wie Sukhothai zerfiel, wuchs die Bedeutung des Fürstentums Uthong, dessen Herrscher, der spätere König Rama Tibodi, sich Mitte des 14. Jahrhunderts der Königsstadt Sukhothai sowie der Khmer-Besitzungen von Lopburi in Zentralthailand und Chanthaburi im Südosten des Landes bemächtigte. 1350 wurde 60 km nördlich von Bangkok die neue Hauptstadt *Ayutthaya* gegründet, und Sukhothai wurde zum Vasallen des aufstrebenden südlichen Reiches. Nur das starke Königreich Chiang Mai konnte sich in einem zermürbenden Kleinkrieg, der über eineinhalb Jahrhunderte dauerte, erfolgreich gegen Ayutthaya behaupten. Dem Expansionsdrang burmesischer Könige allerdings konnten sich die Herrscher von Chiang Mai nicht entziehen. Über zweihundert Jahre lang war Nordthailand Burma unterworfen, und diese Zeitspanne prägte die Kultur in entscheidendem Maße. Infolge der Überlagerung durch die burmesische Hochkultur erhielt das Kunstleben des Nordens wertvolle neue Impulse. Viele Zweige des heute blühenden Kunsthandwerks wurden erst durch die Burmesen bekannt oder zumindest entscheidend von ihnen gefördert.

In der frühen Ayutthaya-Periode wurde die Thai-Kultur von indischen und kambodschanischen Einflüssen geprägt. Zur ehemaligen Lage der Hauptstadt innerhalb des Khmer-Reiches kam hinzu, daß als Folge der Feldzüge gegen Angkor 1393 über 90 000 kambodschanische Gefangene, darunter Kunsthandwerker und Staatsbeamte, als Sklaven verschleppt wurden. Während gefangene Khmer-Soldaten in erster Linie Handarbeiten verrichten mußten, konnten sich die deportierten Beamten zu Lehrmeistern ihrer Besieger aufschwingen, und sie spielten somit eine ähnliche Rolle wie die Griechen im alten Rom. Die Monarchen von Ayutthaya erklärten sich in der Folge zu Gottkönigen und übten ihre Herrschaft ungefähr in der gleichen Weise aus wie die Monarchen von Angkor. Während der Herrscher Rama Khamheng in Sukhothai noch als «Vater des Volkes» für den Bürger erreichbar war und sogar persönlich Recht sprach, waren die Könige von Ayutthaya für ihre Untertanen unnahbar. Die Beamten hatten in einem vorgeschriebenen Zeremoniell ihre Unterwürfigkeit zu beweisen und durften den «Übernatürlichen» nur in einer Ritualsprache begrüßen. Das Reich von Ayutthaya, das auch unter dem Namen Siam bekannt war, dauerte von 1350 bis 1767. Während vier Jahrhunderten lösten Glanz und Elend, siegreiche Kriegszüge und blutige Niederlagen einander ab. Obwohl oft in Kämpfe mit den geschwächten Khmer, mit den starken Burmesen und den dissidenten Thai-Kleinstaaten verwickelt, gelang es Siam immer wieder, sich durchzusetzen und die Nachbarstaaten zu tributpflichtigen Vasallen zu machen. Der fähige Fürst Phra Naret vermochte 1584 das während 15 Jahren von den Burmesen beherrschte Land zu befreien. Unter dem Namen Naresuan bestieg er den Thron und erweiterte sein Staatsgebiet vor allem auf Kosten Kambodschas und Burmas. Unter seiner Regierung besaß das Reich die größte Ausdehnung. Die vernichtenden Niederlagen, die Burma und Kambodscha hatten einstecken müssen, verschafften wohl Naresuans Nachfolgern einen gewissen Respekt; doch schon im 17. Jahrhundert gingen die Kämpfe weiter, und Burma wie auch Thailand litten unter den Plünderungen. Die Bevölkerungszahl nahm ab, und die wirtschaftlichen Verhältnisse verschlechterten sich. Siam versuchte aber nicht nur durch Beutezüge, sondern auch durch internationalen Handel zu Wohlstand zu gelangen. Europäische Gesandte, Kaufleute, Missionare und Söldner hatten sich seit dem 16. Jahrhundert in der Hauptstadt niedergelassen, und Portugiesen, Chinesen, Malaien, Holländer, Engländer, Japaner

und Franzosen erfreuten sich am Hof der großzügigen siamesischen Herrscher vorerst uneingeschränkter Gastfreundschaft.
An Siams Küste und am Chao Phraya entstanden englische und holländische Faktoreien. Um den Einfluß der aggressiven Holländisch-Ostindischen Handelskompanie zu vermindern, nahm König Narai (Regierungszeit 1657–1688) diplomatische Beziehungen zu Ludwig XIV. in Versailles auf und erlaubte französischen Jesuiten und Ingenieuren die Einreise. Die Unternehmen kamen allerdings kaum auf ihre Rechnung, denn infolge der andauernden Kriege waren die Handelswege oft unterbrochen oder unsicher, und die Wirtschaft war geschwächt. Gegen Ende des 17. Jahrhunderts gaben daher Engländer und Holländer ihre Handelsbeziehungen auf. Rücksichtslose Machtkämpfe unter den Gesellschaften, aber auch Intrigen und Einmischungen in die siamesische Politik zwangen Ayutthayas Herrscher, ihr Verhalten gegenüber den Ausländern grundsätzlich zu überprüfen. Dazu trug nicht zuletzt das arrogante Verhalten des griechischen Abenteurers Konstantin Phaulkon bei, dem es gelungen war, das Vertrauen König Narais zu gewinnen. Als Kanzler und Ratgeber führte der zum Edelmann ernannte Phaulkon die Staatsgeschäfte des kranken Königs weitgehend selbständig. Phaulkons eigenmächtiges Vorgehen und seine allzu einseitige Bevorzugung der Franzosen erregten den Mißmut der Thai-Aristokraten, die um die Unabhängigkeit ihres Landes bangten. (Zu dieser Zeit mag auch das Wort «Farang», eine Verballhornung von *français*, geprägt worden sein. Heute bezeichnen die Thai mit diesem Ausdruck alle Angehörigen der weißen Rasse.) Phaulkon wurde ermordet, seine Verbündeten ausgeschaltet und die Ausländer verfolgt. Mit Ausnahme weniger Missionare hatten alle Fremden das Land zu verlassen. Für die nächsten eineinhalb Jahrhunderte unterbrach Siam jeglichen Kontakt mit Europa. China war das einzige Land, zu dem weiterhin Beziehungen unterhalten wurden.

Nach einer ruhigen Zeit der Stabilisierung zu Beginn des 18. Jahrhunderts erneuerte Burma seine Angriffe. Nach vierzehn Monaten der Belagerung fiel Ayutthaya 1767 in die Hände der Eroberer. Hunger, Seuchen und Brände, aber auch Korruption und Uneinigkeit hatten die Verteidiger geschwächt. Festungen wurden geschleift; Bazare, Klöster, Paläste und Wohnhäuser gingen in Flammen auf. Zehntausende von Thai, darunter viele Adlige, wurden deportiert. Mit der Vernichtung des Hofarchivs gingen sämtliche Quellenwerke verloren. Das mächtige Königreich und seine vermutlich gegen eine Million Einwohner zählende Hauptstadt hatten nach einer Folge von 33 Königen und drei Dynastien zu existieren aufgehört. Heute künden nur noch Ruinen von der glänzenden Vergangenheit Ayutthayas. Dem jetzigen Städtchen, das an anderer Stelle wiederaufgebaut wurde, kommt lediglich regionale Bedeutung zu.
Das hoffnungslos geschlagene Siam erholte sich in erstaunlich kurzer Zeit. Einem Thai-Heerführer, General Taksin, war es gelungen, kurz vor dem Fall Ayutthayas mit 500 Getreuen aus der belagerten Hauptstadt zu entkommen. Er, der aus einer thai-chinesischen Mischehe stammte, vermochte als Guerilla-Führer von der unbesetzten Südostküste aus die Wiedereroberung in die Wege zu leiten. Von allen Seiten erhielt er Zuzug, so daß sich seine anfänglich kleine Armee rasch verzehnfachte und er mit ihr Bangkok einnehmen konnte. Er ernannte sich selbst zum König der Thai und wählte *Thonburi*, am rechten Ufer des Chao Phraya gegenüber Bangkok gelegen, zur neuen Hauptstadt, da Ayutthaya in Schutt und Asche lag. Während der nächsten Jahre bestand Taksins Aufgabe nicht nur darin, verlorene Gebiete von den Burmesen und Kambodschanern zurückzuerobern, sondern er wollte auch Siam wieder einigen, das nach dem Zerfall der zentralen Autorität in fünf Teilstaaten aufgesplittert war.
Durch die vielen Erfolge ließ Taksin sich blenden und verfiel dem Größenwahn. Er bezeichnete sich als Bodhi-

sattva (zukünftigen Buddha) und seine Handlungen als die Erfüllung übernatürlicher Eingebungen. Sein krankhaftes Mißtrauen gegen alle ließ ihn selbst seine ihm ergebenen früheren Mitkämpfer verfolgen. Während einer Palastrevolution wurde der größenwahnsinnige Herrscher im Auftrag seiner Minister ermordet. Eine buddhaähnliche, vergoldete Statue im Wat Arun – dem Tempel der Morgenröte in Thonburi – erinnert an Taksin, den Retter der Nation. Bei seinem Tode umfaßte das Königreich mit kleinen Ausnahmen auf der Malakka-Halbinsel wieder das ehemalige Reichsgebiet von Ayutthaya. Kambodscha, Chiang Mai und Fürstentümer in Laos mußten die Herrschaft des wiedererstandenen Siam anerkennen.

1782 wurde General Chakri, ein siamesischer Adeliger, der in der Armee gedient hatte, auf Wunsch des Volkes zum neuen Herrscher erkoren. Er leitete die heute noch andauernde Herrschaft der Chakri-Dynastie ein und verlegte als Rama I. die Hauptstadt nach *Bangkok*, das er nach dem Vorbild Ayutthayas aufbauen ließ. Durch den Abbruch eines Chinesenviertels und dessen Verlegung nach Sampeng, der heutigen Chinesenstadt Bangkoks, wurde Raum geschaffen für die Errichtung des königlichen Palastes und des Wat Phra Keo (vgl. Legende Nr. 65), das unmittelbar daneben liegt. In einer langen Zeit der Restauration wuchs Krung Thep (die «Stadt der Engel», wie Bangkok in der Umgangssprache genannt wird) zum Mittelpunkt des neuerstandenen Thailand heran. Es gelang aber erst Rama IV. (Regierungszeit 1851–1868) und Rama V. (Regierungszeit 1868–1910), aus dem mittelalterlichen Staat das moderne, westlich orientierte Thailand zu schaffen. Beeindruckt von der bedeutsamen Rolle, welche die europäischen Staaten und die USA in Fernost spielten, öffnete auch Siam seine Tore wieder für die Ausländer. Das bisher für unbesiegbar gehaltene China hatte im Opiumkrieg 1840–1842 gegen Großbritannien eine Niederlage erlitten, und Siam war überzeugt, daß sich nur durch eine Modernisierung nach westlichem Vorbild ein ähnliches Schicksal vermeiden ließ. Im Auftrag der britischen Regierung schloß der englische Linguist und Politiker John Bowring 1855 mit Rama IV. einen Handelsvertrag, der es Siam nach einer langen Zeit der Isolierung ermöglichte, seine Außenhandelsbeziehungen wiederaufzunehmen.

König Mongkut, der vor seiner Thronbesteigung 27 Jahre als Mönch verbracht und sich in der klassischen Kultur profunde Kenntnisse erworben hatte, studierte – durch seine überseeischen Freunde angeregt – außerdem moderne Wissenschaften wie europäische Geschichte, Geographie, Mathematik, Astronomie und lernte moderne Sprachen. Erstmals konnten sich nun Ausländer auf englisch mit einem Thai-Monarchen verständigen. Durch den Abschluß von Staatsverträgen mit Großbritannien, den Vereinigten Staaten, Frankreich und anderen europäischen Ländern erlitt Siam wohl eine gewisse Einbuße in seiner Souveränität, erhielt aber anderseits finanzielle Mittel, die zur Modernisierung dringend benötigt wurden. Zur Förderung des Handels gewährte Mongkut den Chinesen freie Niederlassung in seinem Lande. Der Film und das Musical «The King and I» geben ein leider stark verzerrtes Bild vom Leben am Hofe dieses Herrschers. Beide basieren auf Berichten der englischen Hauslehrerin des Königs, Mrs. Anna Leonowens, die vor allem die Vielweiberei Mongkuts anprangert.

Mongkuts Sohn Chulalongkorn war der erste Thai-Herrscher, der Reisen ins Ausland unternahm. Als Rama V. schaffte er bei seiner Thronbesteigung das veraltete Hofprotokoll ab, und 1905 ließ er durch einen königlichen Erlaß die Sklaverei offiziell aufheben. Er förderte auch die Errichtung zahlreicher Schulen, die bis dahin fast vollständig gefehlt hatten. Der Bau von Straßen und Eisenbahnen wurde vorangetrieben, und man richtete Post- und Telegraphenämter ein. In die Regierungszeit Ramas V. fallen aber auch die Gebietsabtretungen im Norden und Osten an die französischen Kolonien Kambodscha und Laos, im Süden an die britische Kolonie

Malaya. Durch seine Politik des Nachgebens konnte der Monarch die Unabhängigkeit seines Landes erhalten. Als Pufferstaat zwischen englischen Gebieten und den französischen Kolonien wurde Siam von beiden Weltmächten respektiert.
1932 legte eine Gruppe junger Offiziere und westlich geschulter Staatsbeamter nach einem Staatsstreich ihrem König Rama VII. die Abschaffung der absoluten Monarchie und deren Umwandlung in eine konstitutionelle Herrschaft nahe. Die neue Verfassung sah vor, daß der König seine legislative Gewalt durch das Parlament, die exekutive Gewalt durch den Ministerrat und die richterliche Gewalt durch einen Gerichtshof ausüben ließ. Der in England geschulte König willigte in die Forderungen der Revolutionäre ein. Der Staatsname «Siam» wurde durch «Thailand» (Muang Thai = Land der Freien) ersetzt. Zwei Jahre nach der Ausrufung der konstitutionellen Monarchie dankte der Monarch zugunsten seines neunjährigen Neffen Ananda (Rama VIII.) ab, um seinen Lebensabend in England zu verbringen. Der neue König wurde, da er noch ein Knabe war, durch einen Regentschaftsrat vertreten, der nun freie Hand zur Verwirklichung seiner Ziele hatte.
Während des Zweiten Weltkrieges wurde Thailand von Japan auf die Seite der Achsenmächte gezwungen. Japanischen Truppen mußte freier Durchgang zum Aufmarsch gegen Burma und Malaya gestattet werden. Im Westen von Kanchanaburi ließen die japanischen Heerführer durch alliierte Gefangene die Brücke am Kwai erstellen. 7000 Gräber von Engländern, Australiern, Holländern und Soldaten anderer Nationalitäten erinnern an die mörderischen Bedingungen, unter denen die Brücke am River Kwai erbaut werden mußte. Um die Freundschaft Thailands zu gewinnen, trat Japan dem Land Gebiete von Malaya, Burma und Kambodscha ab, die allerdings nach dem verlorenen Krieg wieder zurückgegeben werden mußten. Untergrundkriege der Thai gegen die Japaner ließen erkennen, wo Thailands Sympathien lagen, und nach dem Sieg der Alliierten schwenkte es denn auch auf die Seite der Feinde Japans hinüber.
Unter ungeklärten Umständen wurde König Ananda 1946 in seinem Palast erschossen, und man berief seinen Bruder Bhumibol Adulyadej als Rama IX. auf den Thron. Ein Regentschaftsrat vertrat den minderjährigen Herrscher während seines Studienaufenthaltes in der französischen Schweiz. 1955 trat Thailand dem westlichen Paktsystem in Südostasien bei, und in der Folge wurde das Hauptquartier der SEATO nach Bangkok verlegt. Muang Thai genoß von nun an die volle Unterstützung der Vereinigten Staaten und stellte diesen dafür Stützpunkte für den Krieg in Vietnam zur Verfügung.
Da die Regierung seit der Errichtung der konstitutionellen Monarchie sehr oft wechselte und Staatsstreiche einander ablösten, wurde die Demokratisierung verzögert. Von kurzen zivilen Zwischenspielen abgesehen, regierten meistens die Militärs. Die Dominanz der Armee in der Politik hat dazu geführt, daß Modernisierungsprogramme mit politischer Mitsprache des Volkes kaum durchführbar sind. Fehlende politische Partizipation aber bedeutet gleichzeitig mangelnde Unterstützung des politischen Systems, von dem eine Demokratie lebt. Wie der Thailänder Likhit Dhiravegin zu Recht kritisiert, wird damit Politik zu einer nur für Eingeweihte bestimmten Angelegenheit der herrschenden Elite, wobei andere politische Gruppen des Rechtes und der Möglichkeit beraubt sind, Macht und Status zu teilen. Da ein Großteil der Massen politisch gar nicht angesprochen wird, entsteht ein gefährliches Vakuum, das zur Labilität beiträgt und einen kontinuierlichen Entwicklungsprozeß vereitelt.

60 Chiang Saen: Stupa im Wat Phong Sanuk. Alle Tempelanlagen weisen neben dem zentralen Gebäude einen oder mehrere Stupas auf. Stupas sind Bauwerke, die in einer Kammer Reliquien oder Erinnerungsstücke des verstorbenen Religionsstifters beherbergen, die aber auch Darstellungen Buddhas oder Auszüge aus seinen Predigten enthalten können. Die buddhistischen Mahnmale bestehen oft aus Backsteinen, die im tropischen Monsunklima rasch der Verwitterung zum Opfer fallen.

61 Altes Kloster in der Umgebung von Ngao. 11 km südlich von Ngao liegt das Wat Chong Kram. Der in burmesischem Stil errichtete Tempel ist ganz aus Holz gebaut. Die Treppe, die zum Klosterareal führt, ist in so schlechtem Zustand, daß ein baldiger Einsturz befürchtet werden muß. Im Innern des Wat befindet sich eine prächtige Buddhastatue im Chiang-Saen-Stil.

62 Lak Muang, der Sitz des Schutzgeistes von Bangkok. Der Geist, der über Bangkok wacht, wohnt in einem geschnitzten, goldfolienüberzogenen Holzpfahl, der sich im Innern eines tempelähnlichen Gebäudes befindet. Auf dem Gang zur Arbeit besuchen die Gläubigen die Kultstätte und bringen wohlriechende Jasmingirlanden und Lotosblumen, kleben Goldfolien auf den Holzpfeiler oder umwickeln ihn sorgfältig mit bunten Tüchern. Von vielen Thai wird der Stadtgeist auch als Schutzpatron der Glücksspieler verehrt. Losverkäufer machen sich diese Tatsache zunutze und erzielen vor dem Heiligtum einen entsprechend großen Umsatz.

63 Kinder beim Anschlagen der Glokken im Tempel des Phra Buddhabat (Provinz Saraburi). Der Tempelkomplex des Phra Buddhabat («Schrein von Buddhas Fußabdruck») liegt auf dem Hügel Suvarnabanbot. Auf der Plattform des prachtvollen Mondop hängen mehr als hundert Bronzeglocken verschiedener Größe. Pilger, die dem Fußabdruck Buddhas ihre Ehre erweisen, schlagen jede einzelne Glocke an. Sie hoffen, dadurch Verdienste zu erwerben, denn nach dem Volksglauben dringt das Läuten bis zum Himmel empor. Hier auf der Erde jedenfalls kann man das fröhliche Gebimmel schon aus großer Entfernung wahrnehmen.

64 Bangkok: Wat Benchamabopitr («Marmortempel»). Der jüngste königliche Tempel Bangkoks wurde 1900 auf Geheiß des Herrschers Chulalongkorn gebaut. Als Baumaterial diente weißer Marmor aus Carrara. Das Bild zeigt den Haupteingang des Bot, das mit orangegelben Ziegeln gedeckt ist. Der Treppenaufgang wird von zwei Fabellöwen bewacht.

65 Bangkok: Blick auf das Wat Phra Keo. Das Wat Phra Keo, bei den Touristen unter dem Namen «Tempel des Smaragd-Buddha» bekannt, ist die königliche Kultstätte, die Rama I. 1785 neben seinem Palast errichten ließ. Die Anlage umfaßt eine ganze Reihe berühmter Bauten und Denkmäler. Das Tempelgebiet wird durch eine Galerie begrenzt, deren Innenwände mit Szenen aus dem Ramayana-Epos geschmückt sind. Im Vordergrund erhebt sich ein vergoldeter Stupa in der charakteristischen Form des thailändischen Chedi. Direkt dahinter befindet sich der prächtige Mondop, die Bibliothek mit heiligen Büchern und Zeremonialgeräten. Den Abschluß bildet das königliche Pantheon Pra Sat Phra Thebidorn, in dem die lebensgroßen Standbilder aller acht verstorbenen Herrscher aus der Chakri-Dynastie aufbewahrt werden. Dieser Raum ist für Besucher nur am 6. April, dem Tag der Thronbesteigung Ramas I., geöffnet. Das Zentrum des kreuzförmig angelegten Pra Sat wird von einem im Khmer-Stil gebauten Phra Prang überragt, dessen abgerundeter Abschluß vom Dreizack Shivas geziert wird. Rechts im Bild erkennt man die Dächer des Bot, das den «Smaragd-Buddha» beherbergt.

66 Häuschen für die Schutzgeister an der gefährlichen Paßstraße von Lampang nach Ngao. Vorstellungen nichtbuddhistischen Ursprungs sind im Volk auch heute noch weit verbreitet. Wichtig für die Autofahrer sind die übernatürlichen Wesen, die den Verkehr auf gefährlichen Straßen überwachen. Kraftfahrzeuglenker haben für ihre speziellen Schutzgeister Wohnhäuschen auf der Paßhöhe errichtet. Beim Vorbeifahren hebt der Chauffeur seine Hände zum Gruß und verneigt sich, oder er unterbricht seine Fahrt und bringt seinem Schutzengel Opfergaben dar. Fremde dürfen die geweihte Stätte nicht betreten, damit die Phi nicht gestört oder erzürnt werden.

ตู้รับบริจาคปฏิสังขรณ์ฯลฯ

63

64

Kunstepochen und Stilrichtungen

Die Königreiche, die im Raume Thailands nebeneinander bestanden oder sich im Verlaufe der Zeit ablösten, haben ganze Kunstepochen und Stilrichtungen geprägt. In Thailands Kulturgeschichte werden folgende Perioden unterschieden:
- Dvaravati-Periode (6./7. bis 11. Jahrhundert)
- Sri-Vijaya-Periode (8. bis 13. Jahrhundert)
- Lopburi-Periode (11. bis 13. Jahrhundert)
- Chiang-Saen-Periode (11. bis 13. Jahrhundert)
- Uthong-Periode (12. bis 15. Jahrhundert)
- Sukhothai-Periode (13. bis 14. Jahrhundert)
- Ayutthaya-Periode (14. bis 18. Jahrhundert)
- Ratanakosin-(Bangkok-)Periode (spätes 18. bis frühes 20. Jahrhundert)

Dvaravati-Stil

Mon-Kulturzentren der Dvaravati-Reiche waren die Städte Nakhon Pathom, Lopburi, Uthong und Lamphun. Die Bekehrung des Mon-Volkes zum Hinayana-Buddhismus geht auf Missionare des indischen Kaisers Ashoka zurück. Der Dvaravati-Stil ist vom indischen Kunstempfinden der Gupta-Periode geprägt, unterscheidet sich aber von diesem durch seine betontere Nüchternheit. Die Statuen stellen Buddha entweder stehend oder sitzend dar. In der Meditationshaltung sitzt Buddha mit verschränkten Beinen; die Fußsohlen sind nach oben gedreht und die Hände übereinander in den Schoß gelegt. Oft wird der Erleuchtete auch in der abendländischen Sitzpose dargestellt. Die Gesichtszüge des Erleuchteten gleichen denjenigen der Mon.

Sri-Vijaya-Stil

Zivilisationszentrum des indojavanischen Königreiches im Raume Thailand war Ligor, das heutige Nakhon Si Thammarat. Von Chaiya, einer damals bedeutenden Hafenstadt auf der Malakka-Halbinsel, breitete sich der Sri-Vijaya-Stil bis nach Nordthailand aus. Die aus jener Zeit erhaltenen Kunstwerke im Randgebiet Thailand zeugen von tiefem Kunstempfinden und fortschrittlicher Technik. Der javanische Einfluß zeigt sich vor allem in Statuen und in verschiedenen Bauten, wie beispielsweise dem Wat Mahathat in Chaiya, aber auch dem Stupa des Wat Sathing Phra und dem Wat Pako, die beide auf der Nehrung von Songkhla liegen.

Lopburi-Stil

Seit dem 10. Jahrhundert stießen Khmer aus ihrem mächtigen Königreich im Gebiet des Tonle Sap in Kambodscha nach Westen vor und eroberten die Mon-Königreiche. Im Gegensatz zur hinayanistisch beeinflußten Kultur der Mon fußt die Kunst der Khmer auf dem Mahayana-Buddhismus und dem Hinduismus. Die Lopburi-Periode wird deshalb vom Vorbild Angkors geprägt. Als unermüdliche Erbauer von Tempeln zur Verherrlichung ihrer Gottkönige hinterließen die Khmer auch in Thailand Kunstdenkmäler, zu deren bedeutendsten Beispielen die klassische Tempelanlage von Phimai zählt. Trotz späterer Umbauten sind die Grundzüge der Khmer-Architektur noch in einigen Bauten von Lopburi und Phitsanulok zu erkennen. Die zahlreichen Skulpturen dieser Bauten sind von bemerkenswerter künstlerischer Qualität.
Die Bronzefiguren zeugen von der damals hochentwickelten Gußtechnik der Khmer. Lächelnde Buddha-Gestalten, die auf Naga-Schlangen sitzen, haben eine starke menschliche Ausstrahlung.

Uthong-Stil

Nach ihrer Einwanderung ins Tal des Mae Nam Chao Phraya übernahmen die Thai den Khmer-Stil und paßten ihn ihrem eigenen Kunstempfinden an, wobei ein Mischstil entstand, der seine Blütezeit in der Kultur von Chiang Saen und Sukhothai hatte. Dieser sogenannte Uthong-Stil, der zu Beginn der Ayutthaya-Periode wieder verschwand, stellt eigentlich das Verbindungsglied zwischen den von den Khmer beeinflußten Lopburi-Kunstwerken und denjenigen des neuen Thai-Stils dar.

Chiang-Saen-Stil

Die Kunst von Chiang Saen weist indische Züge auf. Man darf annehmen, daß diese Elemente durch die Burmesen im nördlichen Grenzraum verbreitet wurden. Buddha wird mit gekreuzten Beinen sitzend dargestellt. Sein Gesicht ist rund oder oval, und auch seine Glieder haben weiche Formen. Vom Mekong her wurden die Merkmale der Chiang-Saen-Kunst in die neugebildeten Thai-Zentren von Chiang Rai und Chiang Mai übertragen. Die Kunstwerke Nordthailands sind wegen dieser Beeinflussung durch den Chiang-Saen-Stil leicht von denjenigen des Südens zu unterscheiden.

Sukhothai-Stil

Obwohl das Königreich Sukhothai nicht einmal zwei Jahrhunderte lang Bestand hatte, gilt diese Epoche als das Goldene Zeitalter der siamesischen Kunst. Hier steht die «Wiege der Thai-Zivilisation». Die Ruinen von Sukhothai, Si Satchanalai und Kamphaeng Phet lassen nur noch ahnen, wie prächtig diese Städte einst waren. Bestehende Bauten im Lopburi-Stil wurden erweitert und dem Kunstempfinden der Thai angepaßt. Großdimensionierte Kultbauten aus Backsteinen und Laterit stützte man durch Pfeiler und Säulen ab. Die Arbeiten der Sukhothai-Schule lassen sich dadurch klar von der Architektur der Khmer unterscheiden. Buddha-Statuen, im Cireperdue-Verfahren ausgeführt, ruhen auf stucküberzogenen Backsteinsockeln. Die von den Sukhothai-Künstlern meisterhaft beherrschte Bronzeguß-Technik beruhte darauf, daß die Formgebung an einer leicht modellierbaren Wachsschicht vorgenommen wurde. Der hitzebeständige Kern war ein Gemisch aus Lehm, Reisspreu und Kuhdung. Er wurde mit einer Wachsschicht überzogen, auf der die Künstler ihr Werk gestalteten. Die modellierte Schicht wurde sodann mit einem gegen Hitze unempfindlichen gutsitzenden Außenmantel umgeben. Anschließend leitete man die flüssige Bronze durch Gußkanäle auf die modellierte Wachsschicht. Die Schicht schmolz, und das Wachs floß durch Abzuglöcher in der Basis ab. Die flüssige Gußmasse füllte nun den vorher vom Wachs eingenommenen Raum zwischen dem inneren Kern und dem äußeren Mantel lückenlos aus. Nach dem Abschlagen des Deckmantels wurde die Bronzefigur frei, deren Feinheit der Oberfläche durch den Glanz des Metalls verschönert und belebt wird.
Buddha wird in vier verschiedenen Haltungen dargestellt: sitzend, stehend, gehend oder liegend. Jede Handstellung hat ihre Bedeutung und drückt zum Beispiel Meditation oder Sieg über den Versucher aus, oder daß die Erde zum Zeugen aufgerufen wird. Durch das Fehlen hervortretender Muskelpartien und durch die Betonung des Busenansatzes werden die weichen, femininen Züge der Buddhafiguren aus Sukhothai unterstrichen. Das Gesicht ist oval; die Augen sind auffallend schmal, und darüber runden sich die Lider. Die Statuen lassen erkennen, daß sich die Künstler in ihrer schöpferischen Tätigkeit durch klassische Pali-Texte inspirieren ließen, in denen Buddha so geschildert wurde. Eindrücklich sind vor allem Darstellungen des wandernden Buddha (Phra Lila), der sich nach der Erleuchtung aufmacht, um seine Lehre in der Welt zu verbreiten. Im Wat Saphan Hin, auf einem Hügel in der Umgebung von Sukhothai, stehen riesige Buddhafiguren, die mit erhobener rechter Hand der Hauptstadt Frieden und Glück zu wünschen scheinen.

Ayutthaya-Stil

Während fünf Jahrhunderten war Ayutthaya Hauptstadt eines Großreiches, dessen wohlhabende Herrscher zahlreiche Paläste und Tempelanlagen als Zeichen ihrer Macht erstellen ließen. Weitsichtige Stadtplaner und begabte Architekten überwachten die rege Bautätigkeit. Durch einen Verschmelzungsprozeß verschiedener Kunsteinflüsse entstand in dieser Epoche der «Nationalstil». Bildhauerei und Bronzeguß verloren qualitativ an Bedeutung, da man vor allem Wert auf dekoratives

Raffinement legte. Ayutthaya-Figuren halten denn auch nur in vereinzelten Fällen einem Vergleich mit den vergeistigten Darstellungen der Schule von Sukhothai stand.

Ratanakosin-Stil (Bangkok-Stil)

Die Verwüstung des Landes und der Hauptstadt durch die Burmesen im Jahre 1767 beendete abrupt die Ayutthaya-Periode. Die Könige der Chakri-Dynastie wählten Bangkok als Hauptstadt und setzten alles ein, um sie in ebensolchem Glanz wie Ayutthaya erstrahlen zu lassen. Buddhafiguren aus Klosterruinen im ganzen Land wurden gesammelt und auf Barken nach Bangkok transportiert. Die in dieser Zeit entstandenen Tempelbauten sind aber nicht nur wegen ihrer Größe eindrucksvoll, sondern bestechen durch ihre ausgewogenen Proportionen. In zahlreichen Fresken kommt eine große Freude an der Dekoration zum Ausdruck; gleichzeitig geriet allerdings die Kunst, bronzene Buddhafiguren zu gießen, in Vergessenheit.

Wat Mahathat in Sukhothai

67 Bangkok: Gebet beim Lak Muang. Der Phi vom Lak Muang wacht nicht nur über die Stadt Bangkok, sondern erfüllt auch individuelle Wünsche. Mutter und Kind haben Weihrauchstäbchen entzündet und stellen sich nun unter den Schutz des Stadtgeistes. Nach dem Gebet werden die Jasmingirlanden in der Nähe des Holzpfahles aufgehängt.

68 Bangkok: Schauspielerin im Hof des Lak Muang. Wohlhabende Thailänder stiften im Hof des Lak Muang Aufführungen von Theaterstücken oder Darbietungen von Musikkapellen, die von den Besuchern dankbar und begeistert beklatscht werden. Erstaunlicherweise lassen sich die meisten Touristen dieses einmalige Beispiel echten Thai-Volksgutes entgehen.

69 Chiang Saen: Klosterschule im Wat Phong Sanuk. Knaben werden auf dem Lande oft ins Wat geschickt, um dort den Mönchen mit verschiedenen Handreichungen zu dienen. Als Gegenleistung erteilen Bhikku den Lernbegierigen im Kloster Schulunterricht. Erstaunlich ist die Konzentrationsfähigkeit der jungen Thai. Auch die seltenen fremden Besucher vermögen sie kaum vom Unterricht abzulenken.

70 Bangkok: Buddhastatuen im Viharn des Wat Suthat. Das Viharn des Wat Suthat ist wegen seiner harmonischen Proportionen eines der bemerkenswertesten Baudenkmäler aus der Bangkok-Periode. Seine Galerien beherbergen lange Reihen vergoldeter Buddhastatuen.

71 Mönche auf dem Almosengang (Pindapata) bei Chiang Rai. Bei Sonnenaufgang legt sich der Bhikku seine Tücher um, und zwar für den Gang außerhalb des Wat so, daß der ganze Körper vom Nacken bis unter die Knie bedeckt ist. Behutsam ergreift er dann seinen kostbarsten Besitz, die Almosenschale, und begibt sich auf die Pindapata. Oft schließen sich die Ordensangehörigen dabei zu Grüppchen zusammen. Der Rangälteste marschiert an der Spitze; seine jüngeren Kollegen und die Novizen folgen ihm. Damit der Almosengang im Sinne Buddhas ausgeführt wird, ist während der Pindapata mancher Vorschrift Rechnung zu tragen, und die Wanderung wird nur dann unterbrochen, wenn ein Laie die Mönche zu beschenken wünscht.

72 Klosterschüler in Nong Waen (Nordthailand). Nach dem Unterricht im Wat führen die Klosterschüler Botengänge für ihre Lehrmeister aus, oder sie besuchen ihre Eltern.

73 Bangkok: Bhikku bei der Morgenandacht im Viharn des Wat Bovoranives. Nach dem Frühstück ruft der Gong die Mönche zum gemeinsamen Morgengesang zusammen. Wenn jeder Bhikku seinen Platz eingenommen hat, der ihm nach seinem Dienstalter im Orden zukommt, stimmt der Senior-Mönch zur Besinnung Pali-Litaneien an, in die sämtliche Bhikku einstimmen. Das Ritual verlangt, daß sich die in kniender Stellung Verharrenden von Zeit zu Zeit verneigen. Zur Vertiefung der Andacht richten sie während des Singens ihr Blicke auf den Altar mit dem Standbild Buddhas.

74 Nonne im Tempel von Doi Suthep bei Chiang Mai. Die 2000 buddhistischen Nonnen sind wie die Mönche kahlgeschoren; aber im Gegensatz zu ihren männlichen Kollegen ist ihre Kleidung nicht gelborange, sondern weiß. Da sie keinem anerkannten Orden angehören, sind sie eher als besonders fromme Laien zu bezeichnen.

75 Bangkok: Aufnahme eines Novizen im Wat Po (Wat Phra Chetuphon). Die Verwandten begleiten in einem fröhlichen Zug «ihren» Bhikku ins Wat und übergeben der Mönchsgemeinschaft zur Feier dieses Anlasses verschiedene Geschenke. Nachdem der frisch ordinierte Mönch sein Gelübde abgelegt hat, gibt er seine weißen Kleider ab und erhält orangefarbene. Auch als Ordensangehörigem steht es ihm aber frei, die Mönchsgemeinschaft jederzeit zu verlassen, um sein Leben als Laie weiterzuführen.

76 Bangkok: Im Bot des Wat Bovoranives. Die Errichtung des Wat Bovoranives geht auf Rama III. zurück. Sein jüngerer Bruder Mongkut verbrachte in diesem Kloster als Abt die vierzehn Jahre, die seiner Thronbesteigung vorangingen. Er gründete hier die Reformsekte des Dhammayuttika. Am Südende des Bot dominiert der in ganz Thailand hochverehrte Buddharupa Phra Buddha Jinasīha den hohen Raum. Die vergoldete Statue stammt aus der Sawan-Khalok-Sukhothai-Periode und wurde zwischen 1257 und 1377 geschaffen. Da sich zu dieser Zeit die Thai von der Khmer-Herrschaft befreiten, wird die Figur «Buddha, der siegreiche Löwe» genannt. Sie stand ursprünglich in einem Wat in Phitsanulok. 1828 oder 1829 ließ sie der König auf einem Floß nach Bangkok bringen. Vor dem Phra Buddha Jinasīha sitzen drei Figuren, bei denen es sich um Abbildungen dreier bekannter Äbte des Wat Bovoranives handelt. Hinter der glänzenden Hauptstatue ist im Dämmerlicht ein zweites, größeres Buddha-Bildnis sichtbar, das aus der Provinz Petchaburi stammt. Wegen seiner Größe trägt es den Namen Luang Poh Toh («großer königlicher Vater»).

67

68

73

74

75

Religion

94 Prozent der Thailänder sind sogenannte Theravada-Buddhisten. Synonym für den Theravada-Buddhismus (Buddhismus der Älteren) ist der Begriff des Hinayana (Lehre des Kleinen Fahrzeugs). Da dieses Gedankengut von ceylonesischen Mönchen nach Thailand gebracht worden ist, wird es auch «südlicher Buddhismus» genannt. Wollte man aber den Glauben der Thai allein aus der klassischen Lehre des Hinayana erklären, würde man der Tatsache nicht gerecht, daß die toleranten Thailänder auch anderes Gedankengut in den Buddhismus eingehen ließen.

Religion, Tradition, Sitten und Gebräuche sind so tief im Thai-Volk verankert, daß sie auch kulturelle Äußerungen stark beeinflussen. Die Vorstellungen vom Aufbau des Kosmos und astrologische Ideen bestimmen verschiedene rituelle Handlungen. Überirdischer Kräfte und Geister gilt es beim Bearbeiten der Felder zu gedenken, und die entsprechenden Zeremonien sind auf dieses Gebot ausgerichtet. Die buddhistischen Verhaltensweisen beeinflussen vor allem die Ethik des Menschen und bestimmen seine Vorstellung vom Leben nach dem Tode. Die Mönchsgemeinschaft erhält nur durch Buddhas Lehre ihre Daseinsberechtigung, denn dieser lehrte, daß des Menschen Dasein leid- und schmerzerfüllt sei und daß der Zustand des Friedens und der Vollkommenheit nur durch leidenschaftsloses Leben angestrebt werden könne.

Man darf mit Sicherheit annehmen, daß die Thai vor ihrer Beeinflussung durch die Hochkulturen Naturkräfte verehrten. Geister belebten die Umwelt. Schamanen verstanden es, mit diesen Geistern in Verbindung zu treten und deren Gedanken den Menschen mitzuteilen. Man praktizierte Schlangenkulte, und durch Zaubervorgänge wurde versucht, die Natur auf irrationalem Wege zu beeinflussen.

Vorstellungen nichtbuddhistischer Herkunft sind auch heute noch weit verbreitet. Die Thai glauben zum Beispiel, daß der Kosmos von zahlreichen überirdischen Lebewesen, den Phi, belebt ist. Zu ihnen zählen Engel, Dämonen, Kobolde, Vampire usw. Je nach Wirkungsort haben diese Geister ihren Lebensraum im Himmel, auf der Erde oder in der Hölle. Zu den Wesen, die auf der Erde wohnen, gehören die Geister auf den Bergen, im Wasser, in den Obsthainen, in den Reisfeldern, auf den Bäumen, in Haus und Hof. Wieder andere leben im menschlichen Körper. Den ortsgebundenen Phi stehen die heimatlosen gegenüber, die umherirren. Blumen, Speisen, Weihrauch, Kerzen und Tonfiguren sind Gaben, die den Phi dargeboten werden. Wenn man der guten Geister regelmäßig eingedenk war, stehen sie einem als Retter in der Not bei. Den schlechten Einfluß negativer Phi kann man durch entsprechende Geschenke fernhalten. Besuchern Thailands fallen meist schmucke Häuschen auf, die auf hohen Pfählen in den Höfen und Gärten der Häuser stehen. Das sind Geisterhäuschen, sogenannte Sala Phra Phum, die dem Chao Thi (dem Schutzgeist des Hauses) als Wohnsitz dienen. Die Geisterwohnungen stehen auf einer Plattform; sie sind vom Boden abgehoben, und unter keinen Umständen darf der Schatten des Wohnhauses auf sie fallen, sonst wird dieses vom Chao Thi gemieden. Umgekehrt darf aber auch der Schatten des Sala Phra Phum das Haupthaus nicht treffen, denn darin weilt Buddha, der über den Phi steht und dort Anrecht auf einen Altar hat. Auf der Plattform des Geisterhäuschens stehen oft kleine Pferde und Elefanten aus Ton oder Holz, die von dankbaren Hausbewohnern nach erfolgreichen Geschäftstagen gestiftet wurden. Zusätzlich zu den täglichen kleinen Opfergaben wird hier zweimal im Monat eine ganze Familienmahlzeit eingesegnet. Dabei werden bemalte Kerzen und Weihrauchstäbchen entzündet und Goldfolien verbrannt. Das Häuschen wird mit Blumengebinden und -girlanden geschmückt. Auf dem sorgfältig hergerichteten Tablett liegen Speisen aller Art: Fleisch von Geflügel und Schweinen, Fische und Krebse, Saucen, Reis, Eier, Kuchen. Neben den Tellern befindet sich das nötige Besteck für die Familienmitglieder. Tee in Tassen und im Topf; aber auch der beliebte Mae-Khong-Whisky (ein Reisschnaps) in Glas und Flasche gehören zu den Getränken, die eingesegnet werden. Wenn alles sauber angeordnet ist, beten die Angehörigen und danken den Phi. Nachher essen sie mit Genuß die geweihte Mahlzeit.

Während der Chao Thi über einzelne Hausgemeinschaften wacht, sind andere Schutzgeister für das Wohl des Dorfes, der Stadt oder des ganzen Landes zuständig. Der Wächter über Bangkok zum Beispiel wohnt in einem geschnitzten, goldfolienüberzogenen Holzpfahl, der sich im Innern des tempelähnlichen Gebäudes vom Lak Muang befindet. (Da Lak Muang keine buddhistische Kultstätte ist, soll der Ausdruck «Tempel» hier vermieden werden.) Es gibt bestimmt schönere Gebäude, die zudem nicht versteckt hinter einer Tankstelle liegen, aber kaum einen einflußreicheren Phi für die Stadtbewohner. Seine Bedeutung erschöpft sich nicht darin, daß er über Bangkok wacht – er erfüllt auch individuelle Wünsche und hilft vor allem den Käufern von Lotterielosen, die gewinnbringende Nummer zu finden. Vom Morgen bis zum Abend ist hier ein ständiges Kommen und Gehen. Frauen und Mädchen bringen wohlriechende Jasmingirlanden und Lotosblumen, kleben Goldfolien auf den Holzpfahl oder umwickeln ihn sorgfältig mit bunten Stofftüchern. Soldaten treten ein, entzünden Weihrauchstäbchen und Kerzen und bitten kniend um einen erfolgreichen Tag, bevor sie ihren Dienst aufnehmen. Studenten und Schüler erflehen Glück für ihre Prüfungen. Um das eigene Schicksal vorauszusehen, schütteln Gläubige in tiefer Andacht einen Bambuszylinder mit numerierten Stäbchen. Die Nummer desjenigen, das dabei herausfällt, wird dem Wahrsager mitgeteilt, und er deutet daraus die Zukunft. Im Vorraum piepsen und flattern unzählige Vögel in Käfigen. Für wenige Baht kann der Käufer einem gefangenen Vogel die Freiheit schenken. Die Hoffnung auf die Vergeltung dieser guten Tat stimmt den Spender glücklich. Zahlreiche Losverkäufer machen sich die Tatsache zunutze, daß der Phi vom Lak Muang von vielen Thai als Schutzpatron der Glücksspieler betrachtet wird. In einem anderen Raum führen Mädchen in bunten Kostümen Tänze und Schauspiele auf, die von den einfachen Besuchern dankbar und begeistert beklatscht werden. Erstaunen mag die Tatsache, daß sich die meisten Thailand-Reisenden dieses einmalige Beispiel echten Volksgutes entgehen lassen. Sie ziehen touristisch organisierte Veranstaltungen vor.

Personenbezogene Phi helfen bei der Heilung von Krankheiten; andere wirken mit bei der Suche nach verlorenen Gegenständen. Die Geister der untersten, schlechtesten Kategorie irren auf Begräbnisstätten von Menschen umher, die eines gewaltsamen Todes gestorben sind. Wichtig für die Autofahrer sind die übernatürlichen Wesen, die den Verkehr auf gefährlichen Paßstraßen überwachen. Auf der Vorbeifahrt hebt der Chauffeur vor dem Häuschen, in dem sie wohnen, seine Hände zum Gruß, oder er unterbricht gar seine Fahrt und bringt seinem Schutzengel Opfergaben. Auch Tempel werden begrüßt, und Besucher Bangkoks überläuft ein kalter Schauder, wenn ihr Taxifahrer seinem Beschützer mitten im dichten Stadtverkehr Ehrfurcht erweist. Er vertraut dann nämlich während der Fahrt das Steuer seines Wagens für Augenblicke seinem Phi an, legt beide Hände an die Stirn und verneigt sich demütig.

Seit dem dritten vorchristlichen Jahrhundert war in der Religion die Beeinflussung durch die Nachbarstaaten spürbar. Indische Kulte können bereits aus früher Zeit nachgewiesen werden. Shiva spielt eine bedeutende Rolle in verschiedenen Ritualen des thailändischen Ackerbaus. Ein bekanntes shivaistisches Symbol ist der Linga (Phallus), der in vielen Tempelanlagen anzutreffen ist. Andernorts genoß Vishnu, vor allem in seiner Reinkarnation als Rama, tiefe Verehrung. Während der Regierungszeit des großen indischen Kaisers Ashoka (drittes vorchristliches Jahrhundert) wurde der Buddhismus erstmals durch Missionare in Nakhon Pathom bekanntgemacht. In Indien erfuhr das klassische Gedankengut des Buddhismus in der Folge eine starke metaphysische Beeinflussung, welche zur Abspaltung der Mahayana-Richtung führte. Der Mahayana-Buddhismus anerkennt im Gegensatz zur Lehre des Kleinen Fahrzeugs, der die Mon treu blieben, nicht nur das eigene Bemühen, sondern auch die von außen wirkende Gnade beim Streben nach Erlösung. Dem Menschen stehen Vermittler, «Heilige», zur Seite, die durch die Übertragung eigener Verdienste andern zum Eingehen ins Nirwana verhelfen. Solche Helfer werden Bodhisattvas («Aspiranten auf die Erleuchtung») genannt. Während der Hinayana-Buddhist den Erleuchteten als ein Individuum betrachtet, das den Zustand der Vollkommenheit und das Nirwana erreicht hat, erklärt die neue Lehre Buddha und die Bodhisattvas zu übernatürlichen Wesen, die tiefer Verehrung teilhaftig werden.

Bei der Verbreitung des Buddhismus in Zentral- und Südostasien wurde der Glaube der Thai wahrscheinlich bereits in Südchina beeinflußt. Eine noch stärkere buddhistische Prägung erfuhren die eingewanderten Thai nach ihrer Niederlassung im heutigen Nordthailand, wo sich die Hinayana-Lehre der Mon auch bei den Thai entscheidend durchzusetzen vermochte. Im 7. Jahrhundert verbreiteten die indonesischen Herrscher des Sri-Vijaya-Reiches das Gedankengut des Mahayana in Südthailand. Im Khmer-Königreich konnte sich diese Lehre trotz shivaistischer Staatskulte weiterhin behaupten, während sich in den von den Mon beeinflußten Gebieten der Hinayana-Buddhismus halten konnte. In der Folge ließen Thai-Herrscher von Chiang Mai und Sukhothai buddhistische Mönche aus Ceylon als Religionslehrer an ihren Hof rufen. Für das Hofritual aber wurden, ähnlich wie in Angkor, Brahmanen beigezogen. Ende des 14. Jahrhunderts waren die Grundelemente vorhanden, die zum heutigen Volksglauben verschmolzen. Bestimmend darin ist der Theravada-Buddhismus.

Buddhisten glauben, daß jede Handlung, jedes Wort und jeder Gedanke Folgen hat, die sich im jetzigen oder zukünftigen Leben äußern werden. Die Menschen können durch gute Taten zu ihrem Heil beitragen. Wohlergehen in diesem Leben, Wiedergeburt im Himmel oder auf Erden in einer gehobenen Stellung sind mögliche Konsequenzen solcher Handlungen. Böse Taten haben entsprechende Folgen. Durch Unglück, Wiedergeburt in der Hölle oder Reinkarnation als Tier wird der Sünder bestraft. Der Buddhist trägt also in der Reinkarnation die Konsequenzen seines sündhaften oder tugendsamen Lebenswandels. Es gibt für ihn nach dem Ableben fünf Möglichkeiten: das Eingehen ins Nirwana, Freude im Himmel, ein weiteres Leben als Mensch, Wiedergeburt als Tier oder Qualen in der Hölle. Nur das Nirwana hat Ewigkeitscharakter. Erst dann, wenn die Seele des Gläubigen aller Erdgebundenheit enthoben ist und Vollkommenheit erlangt hat, wird der Kreislauf von Geburt, Tod und Reinkarnation beendigt. In seinem Streben nach Vollkommenheit soll der Buddhist dem Beispiel des Erleuchteten folgen, seine Kenntnisse in buddhistischer Ethik vertiefen, sich in der Meditation üben, Gutes tun und seinem Nächsten hilfreich beistehen. Die Unbeständigkeit der Welt und die Leere der äußeren Erscheinung führen den Buddhisten zur Toleranz. In einer ständig sich wandelnden Umgebung verlieren Vorausplanen und Zielstrebigkeit im Berufsleben an Bedeutung. Die menschliche Verantwortung Fakten gegenüber lastet weniger schwer als in der westlichen Welt. So zeichnet sich denn auch der Charakter der Thai durch eine wohltuende Unbeschwertheit aus.

Durch das Zurücktreten der materiellen Motivation kann das Leben eher von der leichten Seite genommen werden. Auch schwierige Probleme bewältigt man mit innerer Ruhe und mit dem sprichwörtlichen Thai-Lächeln. Reichtum, Glück, Armut oder Unglück sind Vergeltung entsprechender früherer Taten und werden als solche angenommen. Materielles Wohlergehen wird als Ausdruck der Belohnung für einen guten Lebenswandel von den Armen ohne Mißgunst anerkannt. In den Panca Sila hält die Lehre Buddhas fünf Gebote fest, die dem Laien als Richtlinien für sein Verhalten im Alltag dienen. Der Mensch soll nicht töten, nicht stehlen, keinen Ehebruch begehen, nicht lügen und sich vor dem Mißbrauch berauschender Getränke hüten. An buddhistischen Feiertagen werden zusätzlich weitere Vorschriften beachtet. Man enthält sich von der Mittagsstunde an jeglicher Nahrungsaufnahme, verzichtet auf das Tragen von Schmuck und auf weltliche Vergnügungen jeder Art, setzt sich nicht auf Stühle und schläft nicht in einem Bett. Schon in früher Kindheit wird der Thai mit den Praktiken der buddhistischen Lehre vertraut gemacht. Er spendet den Mönchen die tägliche Nahrung, besucht an Feiertagen die Klöster und lauscht den Erklärungen der Bhikku (sanskr.: Mönche). In der Schule wird die buddhistische Ethik eingehend besprochen. Jeder Thai entscheidet sich aus eigener Überzeugung und meist ohne Formalitäten für den Buddhismus. Der Fromme kann seine Bereitschaft, Buddhist zu werden, freilich auch in einem Wat vor versammelten Mönchen bekunden und dabei in Pali-Sprache sein Versprechen abgeben, Zuflucht zu Buddha, zu dessen Lehre und zur Mönchsgemeinschaft (Sangha) zu nehmen. Vom Buddhisten wird erwartet, daß er gewillt ist, sich an die fünf erwähnten Gebote des Erleuchteten zu halten. Während seines ganzen Lebens soll er Gutes tun, das heißt zum Beispiel den Mönchen Nahrung und Mönchsroben spenden, Almosen zum Bau oder zur Restauration von Klöstern geben oder im Wat (vgl. S. 145) unentgeltlich arbeiten und den Armen und Bedürftigen beistehen. Nicht die Geschenke an und für sich werden dem Karma gemäß vergolten, sondern vielmehr die damit verbundene Läuterung der Gesinnung. Eine weitere Möglichkeit, seine Ergebenheit unter Beweis zu stellen und damit Verdienste zu erwerben, besteht darin, eine bestimmte Zeit, die von einer Woche bis zu mehreren Jahren reichen kann, als Klosterdiener, Novize oder ordinierter Mönch im Kloster zu verbringen. Viele Thai treten nach dem Anpflanzen des Reises für den Rest der Regenzeit ins Kloster ein. Sie verpflichten sich dabei, ihr Leben den Klosterregeln gemäß zu führen. Als Novizen sind sie an zehn Vorschriften gebunden, die neben 207 anderen auch von den ordinierten Mönchen eingehalten werden. Während die Zahl der Bhikku (Mönche) mit über 150000 mehr oder weniger konstant bleibt, schwankt jahreszeitlich bedingt die Anzahl der Novizen und Tempeldiener. Im Mittel dürften rund 90000 Samanera (Novizen) in den Klöstern leben. Ungefähr 120000 Knaben und Burschen meist unter zwanzig Jahren sind als Klosterdiener tätig und helfen den Mönchen bei ihrer Arbeit. Diese Dek Wat genannten jungen Männer wohnen im Kloster und erhalten hier auch ihren Schulunterricht. Während Novizen sich kaum von den ordinierten Mönchen unterscheiden, tragen die jugendlichen Diener keine Mönchskleidung. Auch Könige unterziehen sich für eine bestimmte Zeit den strengen Regeln der Mönchsgemeinschaft und treten während dieser Zeitspanne ihre weltlichen Befugnisse ab. Der jetzige Monarch zum Beispiel verbrachte seine Klosterzeit im königlichen Wat Bovoranives in Bangkok.

Der buddhistische Mönchsorden wird Sangha genannt. Die Ordenszugehörigkeit bietet nach dem Gedankengut des Theravada die einzige legitime Möglichkeit zum Lebenswandel auf dem achtteiligen Pfad, der zur Erlösung führt. Die Grundregeln umfassen die gesamte Ethik des Buddhismus. Sie fordern rechtes Leben, rechtes Handeln, rechtes Denken, rechtes Glauben, rechtes Reden, rechtes Streben, rechtes Gedenken und rechtes Sichversenken. Der Verzicht auf weltliche Güter geht bei den Bhikku so weit, daß der Mönch lediglich acht Dinge persönlich besitzen darf: drei Kleidungsstücke, einen Gürtel, die Almosenschale, ein Rasiermesser, eine Nadel und einen Wasserfilter. Da der Hinayana-Buddhismus weder Sakramente noch Riten, noch heilige Institutionen kennt, kann der Gläubige auf keine Hilfe von außen hoffen. Dem einzelnen stehen bei seinem Bemühen auch keine Heiligen oder andere Helfer zur Seite. Nur wer den Mönchssatzungen gemäß lebt, findet seinen Weg zur Befreiung aus dem erdgebundenen, leidverknüpften Leben. Frauen sind insofern benachteiligt, als sie sich nicht der Sangha anschließen können, obwohl auch eine Vereinigung von Nonnen besteht. Die 2000 buddhistischen Nonnen sind wie die Mönche kahlgeschoren, tragen aber im Gegensatz zu ihren männlichen Kollegen keine gelborange, sondern weiße Kleidung. Da sie keinem anerkannten Orden angehören, sind sie eher als besonders fromme Laien zu betrachten.

Eine strenge Hierarchie kennzeichnet den buddhistischen Orden. Der König übt wohl einen gewissen Einfluß aus, ist aber keineswegs das Oberhaupt der Mönche, sondern lediglich ein Gläubiger, der als solcher den Orden unterstützt. Da der Herrscher mit weltlichen Angelegenheiten beschäftigt ist, kann er nicht gleichzeitig auch Mitglied der Mönchsgemeinschaft sein. Er wählt jedoch den Ordensvorsteher (Sangharaj) aus der Mitte des Exekutivrates der Mönchsgemeinschaft. Traditionsgemäß setzt sich der Exekutivrat aus den Offiziellen der Nord- und Südregion, des Reformordens des Dhammayuttika und aus Vertretern der Eremiten zusammen. Gemeinsam mit den Abgeordneten bilden sie die buddhistische Versammlung, der alle Probleme religiöser Art zur Lösung übergeben werden. Der buddhistische Orden gliedert sich in zwei Gemeinschaften. Der Mahanikaya gehören 97, der Dhammayuttika 3 Prozent aller Mönche an. Die Schaffung der Dhammayuttika-Sekte geht auf König Mongkut (Rama IV.) zurück. Vor seiner Thronbesteigung verbrachte er 27 Jahre als Bhikku, davon 14 Jahre als Abt des Wat Bovoranives in Bangkok. Er führte verschiedene Reformen durch, die nicht die Grundlagen der Lehre Buddhas berührten, sondern hauptsächlich strengere disziplinarische Regeln und eine philosophisch-wissenschaftliche Vertiefung der buddhistischen Ethik zur Folge hatten.

Angehörige der Dhammayuttika-Sekte erteilen heute wegen ihrer strafferen Schulung oft den religiösen Unterricht für Novizen und Jungmönche. Bhikku, die sich während ihrer langen Ordensmitgliedschaft auszeichnen, üben die Aufsicht über ihre Kollegen aus, überwachen die Schulung der Mönche, sind für die Ausbildung der Dek Wat verantwortlich und beraten Laien, die das Wat (s. u.) aufsuchen. Die Mönche genießen – obwohl sie einer Aufsicht unterstellt sind und zahlreiche Vorschriften zu beachten haben – weitgehende Freiheit. Bhikku dürfen zum Beispiel nach einer einfachen Mitteilung an den Abt das Kloster wechseln. Der Austritt aus dem Orden ist möglich. Begleitet von den Glückwünschen der Sangha, kann der ehemalige Mönch sein Leben von nun an als buddhistischer Laie weiterführen.

In Thailand gibt es gegen 24000 Tempelanlagen; 159 davon sind von der Krone als Aram Luang (königliche Wat) errichtet worden. Mit Ausnahme der Waldmönche, die als Einsiedler im Freien oder in Höhlen leben, wohnen die meisten Bhikku (ordinierte Mönche) in einer Klostergemeinschaft im Wat. Das *Wat* ist weit mehr als ein Tempel; es umfaßt das ummauerte, vom König gestiftete Grundstück und die verschiedenen darauf errichteten Bauten. Selbst kleine Tempelanlagen in ländlichen Gebieten weisen neben dem zentralen Gebäude einen oder mehrere *Stupas* auf, die man in Thailand *Chedi* nennt. In Ceylon werden diese buddhistischen Mahnmale als «dagoba» bezeichnet. Dem Begriff liegt das Pali-Wort dhattugabbha (in Sanskrit dhatugharba) zugrunde. Es wurde singhalesisch zu dagoba umgewandelt und bedeutet «Reliquienschrein». (Durch Konsonantenverwechslung im Wort dagoba hat sich in Europa die Bezeichnung Pagoda ergeben.) Stupas sind Bauwerke, die in einer Kammer Reliquien oder Erinnerungsstücke des verstorbenen Religionsstifters beherbergen, die aber auch Darstellungen Buddhas oder Auszüge aus seinen Reden enthalten können. Die für die Thai-Kunst charakteristische Form des Stupa ist der *Phra Chedi*, über dessen unterer Glockenform sich ein Turm erhebt, der sich nach oben elegant zur Spitze verjüngt und durch horizontale Kreisringornamente gegliedert ist. Anders ist der im Khmer-Stil gehaltene *Phra Prang*, dessen eher prismenförmiger Turm oben abgerundet abschließt und manchmal mit der Trisula, dem Dreizack Shivas, verziert ist. In einfachen Häusern, oft Pfahlbauten aus Holz, befinden sich die Wohnungen *(Kuti)* der Mönche, Novizen und Tempeldiener. In keinem Hof fehlen Exemplare des heiligen *Bodhi-Baums (Ficus religiosa)*, in dessen Schatten Buddha in Uruwela bei Gaja (Bija) der Erleuchtung teilhaftig wurde. *Sala* sind offene

Pavillons, die den Laien für eine Weile Erholung gewähren, bevor sie das Bot oder das Vihara (s. u.) betreten. Hier können auch Spenden an die Mönchsgemeinschaft übergeben werden. Größere Tempelanlagen besitzen ihr eigenes Bibliotheksgebäude *(Hor Trai)* für kanonische Texte. Auf dem Lande ist manchmal die öffentliche *Dorfschule* im Bereich des Klosters zu finden. *Bot* ist eine Abkürzung des Wortes Uposatha und bezeichnet das Hauptgebäude. Diese heiligste Kultstätte dient der Sangha zur Ausübung gemeinsamer Andachten. Hier wird alle vierzehn Tage gemeinsam der 217 Regeln umfassende Disziplinar-Kodex rezitiert, und in diesem Raum werden neue Mönche ordiniert. Auch für gemeinsame Anlässe der Sangha und der Laien, zum Beispiel spezielle Tempelgesänge und Predigten, steht das Bot zur Verfügung. Der Bereich des Bot wird durch acht *Bai Sema* (Grenzsteine) vom ungeweihten Boden getrennt. Das *Viharn* (Vihara) ist ein Tempelgebäude, das architektonisch dem Bot gleicht und den Mönchen ebenfalls als Versammlungsraum für Andachten dient. Die ältere Bedeutung des Wortes Viharn, «Wohnstätte für Mönche», trifft kaum mehr zu, denn heute gleicht das Viharn eher einem Museum, das eine Vielzahl von Buddhastatuen oder einen Riesenbuddha beherbergt. Bot und Viharn sind rechteckige Hallen, die häufig von Galerien umgeben sind. Pfeiler, die sich nach oben verjüngen, und gegen die Mitte sich leicht neigende Säulen verleihen dem großen Baukörper eine elegantes Aussehen, das durch die leicht geschwungenen Firstlinien der hohen, mehrfach übereinander angeordneten Satteldächer noch verstärkt wird. Die Dächer sind mit glasierten orangefarbenen und grünblauen Ziegeln gedeckt und laufen ähnlich wie bei den Stabkirchen in Norwegen in Spitzen aus. Das kunsthandwerkliche Können der Thai kommt besonders gut zur Geltung beim reichverzierten und vergoldeten Giebelgebälk oder bei den prachtvoll geschnitzten und mit Perlmuttereinlagen geschmückten Portalen und Fensterläden.

Der *Mondop* gleicht den Mandapa indischer Tempel und dient der Aufbewahrung heiliger Gegenstände. Der bekannte Mondop von Saraburi zum Beispiel beherbergt den Fußabdruck Buddhas. Daneben finden in diesem Gebäude aber auch Bücher und Gegenstände für religiöse Zeremonien ihren Platz. *Pra Sat* enthalten einerseits verehrungswürdige Symbole, anderseits – wie im Pra Sat des Wat Phra Keo in Bangkok – Statuen der Könige. Riesige, mit Schwertern bewaffnete Dämonen *(Yak)*, aus Lehm geformt und mit glasierten Ziegeln bedeckt, sollen den störenden Geistern den Zutritt zu den geheiligten Räumen verwehren. Von den Glockentürmen *(Hor Rakhang)* herab werden die Bhikku zu gemeinsamen Andachten und Versammlungen gerufen. In kleinen *Felsgärten* stehen Figuren und Phallussymbole, die von frommen Gläubigen dem Kloster verehrt wurden. Häufig wurden auch Statuen und Reliquiendenkmäler von großzügigen Stiftern geschenkt, um sich damit Verdienste zu erwerben. An den Dachrändern hängen lange Reihen von *Tempelglöckchen*, die im Winde ertönen. Küchen und Baderäume für die Gemeinschaft stehen etwas abseits.

Die Wat – vor allem auf dem Lande – dienen auch mannigfachen anderen, profanen Zwecken. Sie können Erholungsheim für Dorfbewohner sein, Apotheke und Spital, Dorfschule, Gemeindezentrum, sicherer Ort, um Geld zu horten, dörfliches Kaufhaus und Ausleihstätte für verschiedene Geräte, Heim für alleinstehende Alte und Gebrechliche, Zufluchtsstätte für Geisteskranke, Stellenvermittlungsbüro, Sitz von Wohlfahrtsorganisationen und Ort der Information. So wie früher unsere Klöster Reisenden Obdach gewährten, dienen noch heute die Wat den auswärtigen Besuchern als Herberge. Auf dem Klosterhof finden auch Tempelfeste statt, die oft kirchweihähnlichen Charakter annehmen und den Jungen die notwendigen Kontaktmöglichkeiten bieten. Das Tagesprogramm der Mönche, die in einem Wat wohnen, wickelt sich weitgehend routinemäßig ab. Von einigen kleinen Zeitverschiebungen abgesehen, ist der «Stundenplan» in allen Klöstern ähnlich. Nur das Programm der Waldmönche ist – ihrer Lebensweise gemäß – stärker von Zufälligkeiten abhängig. Im folgenden ist der Tagesablauf in einem Wat Bangkoks beschrieben, wie ich ihn selbst miterleben durfte.

Um fünf Uhr früh trete ich durch die einzige offene Pforte ins Wat Bovoranives ein. Ein Polizist patrouilliert auf den beleuchteten Wegen der königlichen Tempelanlage. Einige Hähne künden krähend den nahen Tag an. Durch den frühen Besucher gestört, beginnen die Hunde laut zu bellen. Nur wenige Zellen sind schon beleuchtet; die meisten Mönche schlafen noch auf Matten am Boden oder auf einer Holzpritsche. Sie schützen sich mit einem Moskitonetz vor den lästigen Stechmücken. Die ersten Frühaufsteher begeben sich in den zentralen Waschraum. Um 5.30 rasseln mehrere Wecker. Die Mönche schälen sich aus ihren orangefarbenen Schlaftüchern, schütteln sie und hängen sie dann über das Geländer der offenen Laube. Nun entzündet der Bhikku Kerzen und Weihrauchstäbchen vor seinem Zimmeraltar, welcher mit Girlanden aus Jasmin oder mit Lotosblumen geschmückt ist. Buddhafiguren, Bilder des Abtes und berühmter Lehrmeister stehen vor dem Altar; sie dienen dem Mönch als Mittel, sich in die Meditation zu vertiefen. Während der Brenndauer eines Weihrauchstäbchens gibt er sich, vor dem Altar sitzend, der Morgenandacht hin, wobei er Buddha, seiner Lehre und der Sangha gedenkt. Wenn er noch genügend Zeit hat, wird sich der Mönch zu einem Spaziergang durch die parkähnlichen Klosteranlagen aufmachen. Angehörige des Mahanikaya-Ordens benützen die Gelegenheit, sich zu zweit gegenseitig ihre Verstöße gegen die Disziplinarvorschriften der Bhikku (Vinaya Pitaka) zu beichten. Mitglieder der Dhammayuttika-Sekte, wie zum Beispiel die Mönche des Wat Bovoranives, fühlen sich nur zu dieser Selbstanklage verpflichtet, wenn sie sich ernster Verstöße gegen die strengen Ordensregeln klar bewußt sind. Wieder in seinem Zimmer angelangt, siedet der Bhikku Wasser, aus dem er vorher mit einem Netzchen die Mükken herausgefischt hat, um kein Tier unnötig zu töten oder zu quälen. Obwohl auch Kaffee, Tee und Fruchtsäfte als Getränke erlaubt sind, soll – meinem Gewährsmann Bhikku Khantipalo zufolge – zuviel Koffein im Körper der Meditation nicht zuträglich sein. Nachdem er das einfache Zimmer saubergekehrt hat, bereitet er sich gegen 6.00 für den Almosengang (Pindapata) vor. Behutsam ergreift er seinen neben den drei Kleidungsstücken kostbarsten Besitz, die Almosenschale, und wischt sie mit einem Lappen rein. Wenn die ersten Sonnenstrahlen die Erde berühren, legt sich der Bhikku seine Tücher um; für den Gang außerhalb des Wat geschieht das so, daß der ganze Körper vom Nacken bis unter die Knie bedeckt ist. Die Kerze vor dem Altar wird ausgeblasen und die Zimmertüre verriegelt, damit kein Dieb sich der wenigen Habseligkeiten bemächtigen kann. Nachdem Khantipalo vergeblich seinen zu spät erwachten Schüler und Gehilfen gesucht hat, begibt er sich gegen 6.30 auf den Almosengang zu den Laien, die ihn mit Nahrungsmitteln versorgen.

Die zeitliche Festlegung des Bettelganges wird damit begründet, daß der Bhikku den Laien die Möglichkeit geben will, sein Essen zu einer Zeit zu kochen, die mit dem normalen Tagesablauf zu vereinbaren ist. In einem Lande, in dem Giftschlangen, Skorpione und Tausendfüßer vorkommen, ist es zudem vernünftiger, sich erst auf den Weg zu machen, wenn der Boden im Tageslicht beobachtet werden kann. Die frommen, aber oft abergläubischen Laien werden dann auch nicht erschreckt durch die lautlos dahinziehenden Bhikku. Wenn sich die Mönche für ihre Nahrungsmittelbeschaffung zu Grüppchen zusammenschließen, marschiert der Älteste gewöhnlich an der Spitze des Zuges, und seine jüngeren Kollegen und Novizen folgen ihm. Vielfach begeben sich die Bhikku aber einzeln zur Pindapata. Mancher Vorschrift ist dabei Rechnung zu tragen, damit der Bettelgang im Sinne Buddhas ausgeführt wird. Die Mönche sprechen auf ihrem Weg nur dann, wenn das Wort an sie gerichtet wird, denn Schweigen ist eine der Grundregeln zur Vergeistigung. Aber nicht nur die Zunge soll im Zaum gehalten werden; um den möglichen Anfechtungen des Sehens zu entgehen, werden die Augen auf den Boden gerichtet. Wie lange der Rundgang auch immer dauern mag, er soll würdig ausgeführt werden. Hast ist ein Zeichen der Unbeherrschtheit. Ein geübter Bhikku geht deshalb mit gleichmäßigem, ruhigem Schritt und ist auch während des Wanderns auf ein Meditationsthema konzentriert. Studierende Bhikku pflegen während des Gehens Pali-Texte zu repetieren. Die Wanderung wird dann unterbrochen, wenn ein Laie den Mönch zu beschenken wünscht. Oft stehen auch am Rande des Fußweges Tischchen schon bereit mit einer Schüssel voll dampfenden Reises und sorgfältig in Plastikbeutel abgefüllter flüssiger Nahrung und Sauce. Fleisch, Fisch, Früchte und Kuchen ergänzen je nach Spendefreudigkeit der Geber die abwechslungsreiche Kost. Als weitere Gaben mögen Blumen, Weihrauchstäbchen und Kerzen bereitliegen.

Ältere Ordensangehörige haben ihre ständigen Unterstützer, so daß viele Bhikku zielgerichtet ihres Weges gehen können. Manchmal verlassen die Laien erst beim Erkennen «ihres» Mönches die Wohnung und murmeln: «Nimon» (Einladung) – die Aufforderung an den Mönch, ihre Spende hier abzuwarten. Ist einer der Stammlieferanten noch nicht bereit, so verharrt der Bhikku eine Weile in demütiger Haltung, wird aber auf keinen Fall ein Haus unaufgefordert betreten. Wenn sich der Spender verschlafen hat oder seine Pflicht der Nächstenliebe aus einem anderen Grunde vernachlässigt, verpaßt er die Gelegenheit, den neuen Tag mit einer verdienstvollen Tat zu beginnen, und straft sich damit selbst. Der Mönch wird sich dann, ohne sich weitere Gedanken zu machen, dem nächsten Haus zuwenden. «Einer, der von Almosen lebt» ist die Übersetzung des Wortes Bhikku, doch wünschen die Mönche nicht mit gewöhnlichen Bettlern verglichen zu werden. Weder in Worten noch mit Gesten erheischen sie auf ihrem morgendlichen Almosengang Nahrung. Sie sind lediglich bereit, von den freudig und ehrfurchtsvoll Wartenden jede angebotene Speise anzunehmen. Während der Spender seine Gaben in die Schale legt, bemüht sich der Beschenkte, den Blick auf die Almosenschale zu fixieren und den Geber nicht zu beachten. Einen Außenstehenden mag es befremden, daß dem großzügigen Laien kein Wort des Dankes gewährt wird. Hier dankt nicht der Beschenkte, sondern der Schenkende. Er neigt zum Zeichen des Dankes und der Respektbezeugung den Kopf, kniet manchmal sogar nieder und hebt die Hände auf Augenhöhe. Lautet nicht auch ein christlicher Grundsatz, Geben sei seliger denn Nehmen? Der Bettelmönch ist jedoch nicht ausschließlich Empfänger. Durch seine Lehrtätigkeit beschenkt er seinerseits Schüler und Laien mit geistigen Gütern. Bezeichnend für die Grundhaltung der Mönche des hochangesehenen königlichen Wat Bovoranives ist, daß sie ihre Schritte nicht nur in die Wohnviertel der Reichen lenken, sondern ebenso demütig die von Herzen kommenden Gaben armer Slumbewohner entlang eines Kanals entgegennehmen.

Nach ungefähr dreiviertelstündigem Rundgang, auf dem Khantipalo von fünfzehn verschiedenen Familien bedacht worden ist, kehrt er – die kostbare Schale mit der Nahrung beidhändig unter der Robe tragend – ins Wat zurück. Dort erwartet ihn ein Laie, der den barfuß Wandernden um die Gunst bittet, dessen schmutzige Füße waschen zu dürfen. Der für drei Monate im Wat weilende Schüler und Gehilfe des Bhikku bekommt den Auftrag, das Morgenessen, die Hauptmahlzeit des Tages, zusammenzustellen. Um 7.30 ruft er seinen Lehrmeister zur appetitlich hergerichteten Tafel. Auf einem Servierbrett am Boden stehen acht Schüsseln mit Speisen. Sie enthalten Suppe mit Kohl, verschiedenerlei Gemüse, Schweinefleisch, Reisnudeln mit Trockenfisch, gekoch-

ten Fisch, Curry und Saucen. Drei weitere Schüsseln stehen neben dem Tablett. Die größte enthält über drei Liter Reis. In den zwei anderen sind Früchte wie Wassermelonen, Mandarinen, Bananen, Papaya und als Nachspeise in Fischöl gebackener chinesischer Kuchen, Gebäck aus gezuckertem Reis und aus Sojabohnen. Nie darf das traditionelle Thai-Dessert fehlen: Pudding aus Klebreis und Bananen.
Nicht in allen Wat und nicht für jeden Bhikku fallen die Spenden so reichlich aus. Waldmönche vor allem müssen sich mit einfachster und spärlicher Nahrung zufriedengeben und darben oft. Ein regelbewußt lebender Bhikku wird nie aus Lustgefühl essen. Er nimmt nur so viel Nahrung zu sich, wie sein Körper braucht, um nicht von nagendem Hunger gepeinigt zu werden. Von den gleichen Speisen stärken sich auch der Mönchsgehilfe und Neulinge im Wat, die noch mit keinem eigenen Spenderkreis rechnen können. Die übrigbleibenden Reste werden an die zahlreich herumstreunenden Tiere verfüttert; nie darf jedoch eine Speise achtlos weggeworfen werden. Auffallen mag, daß Mönche, denen das Töten jeglicher Kreatur untersagt ist, Fleisch essen. Khantipalo findet mäßigen Fleischgenuß im Sinne der notwendigen Proteinversorgung des menschlichen Körpers statthaft. Buddha selbst gab das Beispiel, indem er aus Erbarmen mit den Spendern jede angebotene Nahrung mit der gleichen Demut entgegennahm. Davon ausgenommen war aber Fleisch von folgenden Lebewesen: Mensch, Hund, Tiger, Bär und ganz allgemein von Tieren, die speziell für die Mönchsgemeinschaft getötet wurden. Töten ist dem frommen Buddhisten untersagt. Er überläßt dies deshalb oft Mohammedanern, Chinesen oder Christen. Ein Beispiel mag zeigen, daß das Einhalten der Vorschrift nicht zu sinnloser Weltentfremdung führen muß. Als weiße Termiten die Trennwand zum nebenan gelegenen Schülerzimmer zu zerstören drohten, sah sich Khantipalo vor die Entscheidung gestellt, die Wohnung dem Zerfall preiszugeben oder das Gesetz Buddhas zu verletzen und die Schädlinge zu beseitigen. In einer Diskussion besprach er das Problem mit seinem praktisch veranlagten Schüler. Dieser erfaßte die Notlage seines verehrten Lehrmeisters und vernichtete während dessen Abwesenheit die Termiten mit einem Insektenpulver.
Bereits vor 8.00 trägt der Schüler das Mittagessen herein, das reiche Thai jeden Morgen der ganzen Klostergemeinschaft stiften. Die Speisen befinden sich in verschlossenen Blechgefäßen, in denen sie je nach Wunsch aufgewärmt werden können. Wo solche Gönner fehlen, werden am Mittag die Reste der Morgenmahlzeit verzehrt. Bhikku, die im Wat ein Seminar besuchen und denen die Gegend fremd ist, werden aus der Klosterküche verpflegt.
Um 8.00 ruft der Gong die Mönche zum gemeinsamen Morgengesang. Khantipalo verjagt noch schnell eine Katze, die sich ins Zimmer geschlichen hat, und verriegelt dann die Tür. Eine Viertelstunde später finden sich die Mönche im Bot ein. Der Älteste entzündet die Kerzen vor der am meisten verehrten Buddhastatue. Wenn jeder Bhikku seinen Platz eingenommen hat, der ihm seinem Dienstalter gemäß im Orden zukommt, stimmt der Senior zur Morgenandacht Pali-Litaneien an, in die sämtliche Mönche einfallen. Das Ritual verlangt, daß sich die in kniender Stellung Verharrenden von Zeit zu Zeit verneigen. Zur Vertiefung der Andacht richten die Singenden ihre Blicke gegen den Altar mit dem Standbild Buddhas.
Um 9.00 löst sich die Gemeinschaft auf. Jeder Mönch strebt seinem Wohnraum zu. Hier beendet er sein Frühstück oder bereitet sich auf die folgenden zwei Stunden vor. Zwischen 9.30 und 11.00 sind die Bhikku entweder als Lehrer tätig, oder sie widmen sich dem Studium und den vom Abt bestimmten wissenschaftlichen Arbeiten. Das Wohnzimmer ist ihnen zugleich Arbeitsraum. Wissenschaftlich tätigen Mönchen stehen nicht nur zahlreiche Bücher und die Fachliteratur über den Buddhismus

zur Verfügung, sondern sie studieren auch die Standardwerke europäischer Philosophen und Psychologen. Khantipalo zum Beispiel vergleicht die Freudsche Psychologie mit Erkenntnissen der buddhistischen Lehre. Auf seinem Schreibtisch steht eine moderne Schreibmaschine. Klappstühle sind von Gönnern gestiftet worden, um überseeischen Besuchern das Sitzen zu erleichtern. In einer Zimmerecke liegen Zeremonienwedel, deren eine Seite leer, die andere aber beschriftet ist. Ursprünglich zum Fächeln bestimmt, dienen sie heute dem Bhikku dazu, das Gespräch mit Laien in die richtigen Bahnen zu lenken, indem er den Wedel mit der unbeschrifteten Seite vor sein Gesicht hält und diejenige, die mit Worten des Erleuchteten versehen ist, dem Gesprächspartner zuwendet. Damit soll der Angesprochene auf die Grundregel aufmerksam gemacht werden, daß nur die Erkenntnisse Buddhas zählen, nicht aber die Person, die seine Gedanken weitergibt. An der Wand hängt ein Memento mori: Auf schwarzem Hintergrund ist ein weißes Menschenskelett dargestellt. Es soll den nach Erlösung vom Leiden Strebenden in Zeiten der Anfechtung auf die Vergänglichkeit des Fleisches aufmerksam machen und seine Gedanken auf das Wesentliche zurückführen. Wie Khantipalo erklärt, übt das genaue Abbild des im «Buddhasitz» dargestellten Skelettes gleichzeitig eine gewisse Faszination auf ihn aus.

Noch bevor die Sonne im Zenit steht, nehmen die Mönche ihre zweite, leichtere Mahlzeit ein. Obwohl Buddha erkannte, daß Askese nicht zur Befreiung vom leidvollen Dasein führt, untersagte er den Ordensangehörigen jede Nahrungsaufnahme nach 12.00; Getränke sind aber auch während der zweiten Tageshälfte erlaubt. Zwei Gedanken mögen Buddha zu dieser Vorschrift bewogen haben. Durch die Beschränkung der Essenszeiten auf die Zeitspanne zwischen Morgen und Mittag wird die Großzügigkeit der Gönner nicht allzu stark strapaziert und ihre Zeit nur einmal, nämlich zu Beginn des Tages, in Anspruch genommen. Überdies dürfte hier auch in Abwandlung eines bekannten Sprichwortes gelten, daß ein voller Bauch der Meditation abträglich ist. Ausnahmen von der Enthaltsamkeitsregel werden schwer Erkrankten gewährt: Ihnen ist es erlaubt, auch nachmittags eine leichte Bouillon ohne Fleischklöße zur Stärkung zu sich zu nehmen. Da die Unterkünfte keine Klimaanlagen, sondern im allergünstigsten Falle einen Ventilator besitzen, ist die Siesta zwischen 12.00 und 13.00 vor allem in der heißen Jahreszeit allen willkommen.

Die Lehr- und Studientätigkeit wird normalerweise um 13.00 wiederaufgenommen und dauert, von kurzen Pausen abgesehen, während denen die Mönche Getränke zu sich nehmen, bis 17.00. Fromme Laien bezeugen während des Tages ihre Ergebenheit, indem sie Jasmingirlanden und Lotosblumen an den Klösterpforten und an den Statuen im Tempelgarten aufhängen oder den Bodhibaum mit gelben Tüchern schmücken. Frauen und Mädchen beweisen ihre gute Gesinnung dadurch, daß sie in ihren freien Stunden für die Mönche einen anregenden Priem zubereiten. Sie bestreichen eine Seite der Sirih-Blätter (Blätter des Betelpfeffers) mit einer Spur Kalk, fügen das Gewürz Gambir *(Uncaria gambir)* sowie ein kleines Stück zerkleinerten Betelsamen bei. Dann wird das Blatt mit behenden Fingern zu einer kleinen Tüte gerollt, wobei zum Schluß die Blattstiele abgezwickt werden. Nachdem auch der Kautabak zurechtgezupft worden ist, kann der Betelbissen überreicht werden. Mönchen, deren Zähne ein genußvolles Kauen nicht mehr erlauben, wird der Priem in einem speziellen Mörser vorbereitet. Der rotschwarze Mund vieler älterer Mönche verrät, wie beliebt bei der ermüdenden Studienarbeit das Kauen des Betelbissens ist, wirken doch die sich bildenden Säfte stimulierend. Da sie zudem den Speichelfluß fördern, stehen in Sitzungszimmern und Wohnstuben oft Spucknäpfe.

Zwischen 17.00 und 18.00 haben die Mönche Gelegenheit zu einem erfrischenden Bad. Danach wird die Gemeinschaft durch Gongschlag zur Abendandacht, die in ähnlicher Art wie die Morgenfeier abgehalten wird, ins Wat gerufen. Angehörige des Mahanikaya-Ordens gestehen einander erneut die seit diesem Morgen begangenen Verstöße gegen die Disziplinarvorschriften der Sangha. Neuordinierte folgen nach dem gemeinsamen Abendsingen bis ungefähr 21.30 weiteren Lektionen über das Leben und die Lehre Buddhas, während sich die älteren Mönche wiederum in ihre wissenschaftlichen Arbeiten vertiefen oder als Lehrer tätig sind. Die Zeit vor der Nachtruhe steht weitgehend zur freien Verfügung. Der Mönch wird während dieser Zeit notwendig gewordene Näharbeiten ausführen oder gelegentlich seine in der Sonne verblichenen Kleidungsstücke neu färben, deren verschiedene Tönung von gelb über orange bis rotbraun von der individuellen Färbung herrührt, keinesfalls aber als Zeichen verschiedener Funktionen zu verstehen ist. Da den Bhikku der Kontakt mit der Außenwelt nicht untersagt ist, dürfen sie ihre Freistunden auch zur Korrespondenz mit Angehörigen benützen. Besucher können empfangen werden; ebenso sind Reisen erlaubt, auf denen jedoch die Bhikku-Kleidung vorgeschrieben ist. Vor dem Einschlafen widmet sich der Mönch ein letztes Mal der Meditation und der Andacht vor seinem Zimmeraltar.

Festtage, Zeremonien und andere Aufgaben unterbrechen das Normalprogramm. Khantipalo – was wörtlich übersetzt heißt «der, dem Geduld gegeben» – ist zum Beispiel als Senior Hausvorstand in einem Wohngebäude, das zwölf Mönchszimmer und Räume für Schüler umfaßt. Er ist für Reparaturen und die Einhaltung der Hausordnung verantwortlich, berät aber auch seine jüngeren Kollegen. Bei Verstößen gegen die Disziplinarordnung muß er die Schuldigen zur Rechenschaft ziehen. Da im Gegensatz zum Christentum keine Missionsarbeit betrieben wird, besucht der buddhistische Mönch die Laien nur auf deren ausdrücklichen Wunsch. Absolution erteilt er nicht, da jeder Buddhist verpflichtet ist, seine schlechten Taten selbst durch gute Handlungen wettzumachen. Bei wichtigen Familienanlässen – wie zum Beispiel bei Heiraten und Todesfällen – werden oft Mönche zu den Feierlichkeiten eingeladen. Dabei mag nicht nur der Wunsch der Laien ausschlaggebend sein, das Wort Buddhas aus dem Mund geachteter Mönche zu vernehmen; durch deren Anwesenheit stellt der Laie seine Frömmigkeit augenfällig unter Beweis, was sein Ansehen bei den Nachbarn steigert. Die Toten werden kremiert, und ihre Asche bewahrt man entweder zu Hause auf oder überreicht sie dem Wat. Nischen mit Gedenktafeln, manchmal auch Fotografien, erinnern hier an die letzte Erscheinungsform des Verstorbenen. Für großzügige Spenden an die Tempelgemeinschaft wird in speziellen Andachten Dank abgestattet, zu denen auch die Gönner selbst eingeladen werden.

Den Mönchen ist der Militärdienst untersagt. Auch eine Verpflichtung als Militärseelsorger ist undenkbar. Als Soldatenbetreuer amtieren deshalb buddhistische Laien. Die Verweigerung der Wehrpflicht bedeutet jedoch nicht, daß die Sangha die Armee ablehnt oder ihre Aufgabe verkennt. In Gesprächen betonen Bhikku häufig, daß ihr Leben in der Mönchsgemeinschaft ohne Schutz der Landesgrenzen gefährdet wäre. Zur Rechtfertigung des Wehrdienstes für Laien wird auf den großen indischen Kaiser und Verbreiter des buddhistischen Glaubens, Ashoka, hingewiesen, der eine starke Armee aufbaute, um die Gegner von Angriffen auf sein Reich abzuhalten.

Die buddhistische Religion ist der Angelpunkt der thailändischen Lebensphilosophie. In der Thai-Gesellschaft sind die buddhistischen Mönche die angesehensten und am meisten respektierten Persönlichkeiten neben dem König. Die Mönchsgemeinschaft rechtfertigt diese Hochachtung mit einer Lebensführung, die von den Grundprinzipien der Lehre Buddhas bestimmt wird. Angespornt durch das gute Beispiel der Mönche, versuchen auch die Laien, in ihrem Leben zumindest die Grundregeln der Moralvorschriften zu befolgen.

77 Hafen von Bangkok. 95 Prozent der thailändischen Exporte und 80 Prozent der Einfuhr werden im Hafen von Bangkok umgeschlagen. Das Management liegt in den Händen der autonomen Port Authority, die auch Lotsen stellt und für den Schleppdienst verantwortlich ist. Der Wirtschaftsstruktur des Landes entsprechend werden in erster Linie Fertigprodukte, Fabrikeinrichtungen, Maschinen, Baumaterialien und Brennstoffe eingeführt, während der Export aus landwirtschaftlichen Gütern besteht. Da der Hafen von Bangkok abseits internationaler Schiffahrtsrouten liegt, dient er ausschließlich landeseigenen Zwecken.

78 Bangkok: Hotel Siam Intercontinental. In den letzten Jahren hat der Tourimus in Thailand beträchtlich zugenommen und ist zu einer bedeutenden Devisenquelle geworden. Rund die Hälfte der Einnahmen aus dem Fremdenverkehr entfällt auf die Hotels. Wegen der starken Konkurrenz im Gastgewerbe sind die Preise günstig, und auf gute Dienstleistungen wird Wert gelegt.

79 Bangkok: Moderne Straßenüberführung in Bangkok. Ungelöst sind die Verkehrsprobleme in Bangkok. In den Stoßzeiten bricht der Verkehr regelmäßig zusammen. Nur wenige Straßen, wie zum Beispiel diejenige bei der Sapan-Loy-Überführung, sind der ungeheuren Belastung einigermaßen gewachsen. Da Verkehrsregeln kaum eingehalten werden, ist dem Touristen dringend abzuraten, selber ein Mietauto zu steuern.

80 Bangkok by night: das Vergnügungsviertel an der Patpong-Straße. Der hohe Anteil männlicher Touristen unter den Besuchern Thailands läßt darauf schließen, daß die freundlichen und bildhübschen Thaimädchen eine starke Anziehungskraft auf sie ausüben. Zahlreiche Bars, Amüsierlokale und Massagesalons befinden sich vor allem am Petchburi-Strip und an der Patpong-Straße.

81 Rosafarbene Wasserrose (*Nymphaea capensis;* «water lily»). Gläubige schenken den Mönchen mit der Nahrung auch Blumen; Frauen kaufen sie aber auch auf dem Markt, um damit zu Hause den Zimmeraltar zu schmücken.

82 Teich mit Lotospflanzen. Der Lotos spielt in Religion, Kultur und Kunst eine bedeutende Rolle. Der padma (Lotos) ist Symbol der entstehenden Erde. Er ist nach der Überlieferung aus dem Nabel Vishnus entstanden. Brahma wird auf einem Lotosblatt, Buddha auf einer Lotosblüte sitzend dargestellt. In vielen Tempelanlagen finden sich Lotosteiche.

83 Tod-Kathin-Gaben. Einmal im Jahr überreichen fromme Laien, die sich zu Spendergruppen zusammenschließen, der Mönchsgemeinschaft Gaben. In ländlichen Gegenden werden diese Tod-Kathin-Spenden in fröhlichen Umzügen in die Klöster gebracht und auf Gabentischchen zur Schau gestellt.

84 Songkran im Wat Phra Singh (Chiang Mai). Zu Beginn des Songkran-Festes, am Nachmittag des 13. April, werden die wichtigsten Buddhastatuen einem reinigenden Bad unterzogen. Jung und alt kleiden sich neu ein und besuchen das Kloster. Die Mönche werden an diesem Tag mit dem besten Essen bedacht, denn auch für sie ist Festtag.

85 Thailänderin mit Krathong am Lichterfest in Chiang Mai. Am Ende der Regenzeit feiern die Thai das Loy Krathong. In die Becher aus Bananenblättern oder aus farbigem Papier stellt man Kerzen und Weihrauchstäbchen und legt dazu eine Münze als Glücksbringer. Wenn der Vollmond in der dunklen Tropennacht am Horizont aufsteigt, tragen die Thai ihren Krathong ans Flußufer oder an einen Kanal. Sie beten, danken für den Regen und erflehen Glück für ihre Zukunft. Dann zünden sie die Kerze und die Weihrauchstäbchen an und setzen das Lichterschiffchen sorgfältig auf das Wasser. Mit Tausenden andern wird der Krathong von der Strömung fortgetrieben, und der Fluß gleicht für Stunden einer leuchtenden Lichterstraße.

LINA
MOGADISCIO
4
3

Toshiba
วิทยุ โทรทัศน์ พัดลม

Derby King
Where Sportsmen meet
COCKTAIL LOUNGE
AMARIT
La-Costa
TURKISH BATH AND MASSAGE
MADAME
Cambel Tailor

81

82

BY AIR MAIL

พระวิหารลายคำ.

Der thailändische Festtagskalender

Zahlreiche Feiertage lockern den Alltag auf. Am Tage des Vollmondes im dritten lunaren Monat wird das *Magha-Puja*-Fest, der «Allerheiligentag» der Buddhisten, gefeiert. Der Tag erinnert an das Zusammentreffen der 1250 Jünger Buddhas mit ihrem Lehrmeister, an dem er die Gelegenheit wahrnahm, ihnen in einer Predigt die Erkenntnisse seiner Lehre darzulegen. Am Magha-Puja-Tag gedenken die Thailänder der Grundsätze Buddhas, indem sie die drei höchsten Ideale preisen: Buddha, seine heilige Lehre und den Mönchsorden. Nach dem Rezitieren der entsprechenden Formeln schließen sich die Gläubigen zu einem Prozessionszug zusammen und umschreiten mit Kerzen in den Händen das Bot.

An den Werktagen der Monate Februar bis April finden auf dem Pra-Mane-Platz in Bangkok *Drachenkämpfe* statt. Zwei Parteien versuchen mit viel Geschick, die gegnerischen Drachen aus der Luft in ihr eigenes Feld herüberzuangeln. Den großen, etwas schwerfälligen männlichen Drachen stehen die kleineren, beweglicheren weiblichen Drachen gegenüber. Die erfolgreiche Partei wird mit Punkten bedacht. Am Ende der Wettkampfsaison wird der Sieger erkoren. Im Musikpavillon des Nationalmuseums werden die Zuschauer während der Wettkampfzeit mit klassischen Tänzen und Thai-Musik unterhalten.

Am *Chakri-Tag* (6. April) wird der Thronbesteigung König Ramas I., des ersten Königs der Chakri-Dynastie, gedacht. Dieser Feiertag wird vor allem in der Hauptstadt begangen, da Rama I. die Kapitale Thonburi aufgab und Bangkok zum Königssitz erkor.

Vom 13. bis zum 15. April wird im ganzen Land das *Songkran*-Fest gefeiert. Nach brahmanischen Berechnungen beginnt am 13. April das astrologische Neujahr (vgl. S. 166). Das thailändische Wort «Songkran» bedeutet denn auch «der Wechsel», und dieser Wechsel wird im Volk als Wasserfest gefeiert. Wasser wird über Buddhastatuen und über Mönche, Eltern und Freunde zum Zeichen der Verehrung ausgegossen. Um eine gute Tat zu begehen, werden gefangene Vögel und Fische befreit und wieder ihrem Element übergeben.

Der *Jahrestag der Krönung* des jetzigen Herrschers fällt auf den 5. Mai. König und Königin leiten an diesem Tag eine Zeremonie in der königlichen Kapelle.

Eines der bedeutendsten Feste im buddhistischen Jahresablauf, das *Visakha Puja*, findet im Monat Mai statt. Am Vollmondtag des sechsten lunaren Monats erinnern sich die Thai an die drei entscheidenden Begebenheiten im Leben Buddhas: an seine Geburt, seine Erleuchtung und sein Eingehen ins Nirwana. Ähnlich wie am Magha Puja wandeln die Gläubigen in einer Kerzenprozession um die Hauptkapelle im Kloster.

Die *Pflugzeremonie*, ein alter Ackerbauritus, ist unter König Mongkut (Rama IV.) neu entstanden. Im Monat Mai, vor dem Einsetzen der Regenzeit, sät der König in einer vom Gesang buddhistischer Mönche begleiteten Zeremonie Reis an. Die Körner werden sodann einzeln als Glücksbringer an die Bauern verteilt, die sie zusammen mit ihrem gewöhnlichen Saatgut ausstreuen.

Am Vollmondtag des achten lunaren Monats gedenken die Thai am *Asalha Puja* der ersten Predigt, die Buddha seinen fünf getreuen Jüngern hielt.

Der *Khao-Parnsa*-Tag leitet die buddhistische Meditationszeit ein. Im Juli treten die zwanzig Jahre alten Thai-Burschen als Mönche in ein Wat ein und studieren und praktizieren während der Regenzeit unter Anleitung der Mönche die Lehren Buddhas.

Am 12. August feiert die *Königin* ihren *Geburtstag*. Die Bevölkerung genießt einen arbeitsfreien Tag, und im Chitr-Lada-Palast überreicht Ihre Majestät den Mönchsgemeinschaften Geschenke.

Auf Booten, Autos oder zu Fuß, singend und tanzend, besuchen die Gläubigen während des *Tod Kathin* ihr Wat, um die Mönchsgemeinschaft mit Kleidern, Haushaltgegenständen und Geld zu beschenken. Die fröhliche Feier findet während des letzten Monats der Regenzeit statt, zwischen Mitte Oktober und Mitte November.

Am *Chulalongkorn*-Tag, am 23. Oktober, gedenkt die Bevölkerung des Todes von Rama V. Tausende sind damit beschäftigt, die Reiterstatue des verehrten Chulalongkorn mit Blumen zu schmücken und Weihrauchstäbchen zu entzünden.

Im November besuchen zahlreiche Pilger Thailands ältestes und größtes Chedi in *Nakhon Pathom*. Sie erweisen damit den Reliquien Buddhas ihre Ehre.
Ebenfalls im November, in der Vollmondnacht des zwölften lunaren Monats, lassen die Thai mit Kerzen geschmückte Bananenblatt-Schiffchen auf den Gewässern schwimmen. Das *Loy Krathong* genannte Fest erinnert an brahmanische Riten, bei denen die Hindus der Mutter der Wasser gedenken.
Der 5. Dezember, *Geburtstag König Ramas IX.*, ist nationaler Feiertag. Alle öffentlichen Gebäude sind farbig beleuchtet. Mit einer Parade erweisen die Royal Guards dem jetzigen Herrscher ihre Ergebenheit.
Für eine detaillierte Beschreibung haben wir die thailändischen Feste Songkran, Tod Kathin und Loy Krathong ausgewählt.

Songkran, das Wasserfest

Songkran, das «Fest des Wasserwerfens», wird nicht nur in Thailand, sondern auch in den umliegenden Ländern Burma, Laos und Kambodscha gefeiert. Das ausgelassenste Fest des Jahres beginnt offiziell am 13. April, setzt mancherorts aber bereits eine Woche zuvor ein. Die erhitzte Erde ist ausgetrocknet. Ein Staub- und Dunstschleier vermindert die Sichtweite. Das nach der Regenzeit klare Blau des Himmels ist einer gelbbraunen Farbe gewichen. Jedermann sehnt sich nach kühlendem Naß – und wird während des Wasserfestes auch in reichlichem Maße damit bedacht.
Mit «Songkran» wird der Beginn des neuen Solarjahres gefeiert. Zu diesem Zeitpunkt tritt die Sonne in das Sternbild des Aries ein. Mit einem fröhlichen «Happy New Year» wird der Ausländer an diesem Tag begrüßt. Jung und alt kleiden sich neu ein und besuchen im Heimatdorf das Kloster, in dem die wichtigste Buddhastatue mit reinigendem Wasser begossen wird. Die Mönche werden an diesem Morgen mit dem besten Essen bedacht, denn auch für sie ist Festtag. Während der Mahlzeit unterhält klassische Musik die feiernden Bhikku.
Der Vortag des Songkran-Tages, der «Silvester», ist für die Hausfrauen der große Tag des Reinemachens. Alte, abgetragene Kleider werden verbrannt. Das neue Jahr soll innerlich und äußerlich rein begonnen werden; Altes und wertlos Gewordenes würde dem Besitzer Unglück bringen.
Zu Beginn des Festes werden am Nachmittag des 13. April die Buddhastatuen einem reinigenden Bad unterzogen. Junge Leute erweisen den Älteren Respekt, indem sie ihnen in die zu einem Becher geformten Hände Wasser gießen. In früheren Zeiten wurden alte Leute sorgfältig gebadet und von ihren Kindern mit neuen Kleidern beschenkt. Auf den Märkten können lebende Fische und Vögel gekauft werden, denen man am Songkran-Tag die Freiheit schenkt. Dieser Akt der Nächstenliebe ist für die gläubigen Thai ein gesegneter Beginn des neuen Jahres. Nicht weit von Bangkok, in Paklat, stellen sich die jungen, prächtig gekleideten Mädchen zu einer Prozession auf. Jedes bringt ein Wasserglas, in dem ein Fisch schwimmt, zum nah gelegenen Fluß und übergibt dort das Tierchen wieder seinem Lebenselement. Das Freilassen von Fischen geht auf einen alten Brauch zurück. Am Ende der Regenzeit sind die tiefliegenden Felder der zentralen Ebene überflutet. In der Trockenzeit bleiben vorerst noch einige Wassertümpel erhalten, die später jedoch ebenfalls langsam austrocknen. Die Bauern beeilen sich nun, die kleinen Fische zu fangen, um sie vor dem Tode zu bewahren. Sie füttern sie zu Hause, bis es Songkran-Tag ist, und setzen sie erst zu Beginn des neuen Solarjahres wieder aus. Durch diesen Akt der Nächstenliebe erwerben sie sich nicht nur religiöse Verdienste, sondern sie tragen auch zur Erhaltung eines ihrer Hauptnahrungsmittel bei.
Der westliche Besucher des Songkran-Festes darf nicht zimperlich sein. Am besten zieht er ältere Kleider an, denn wenn er den Thai sympathisch ist, wird er an diesem Tag mehrmals tüchtig mit Wasser übergossen. Songkran ist ein herrliches Fest für die Halbwüchsigen! Sorg-

fältig haben sie für diesen Tag alte Fahrradpumpen zu Wasserwerfern umgebaut und alle erreichbaren Wasserkübel hervorgesucht. In einem Versteck lauern sie auf ihre Opfer.
Fährt eine Dorfschöne auf ihrem Fahrrad vorbei, wird sie mit Freudengeschrei unter Beschuß genommen. Mit ganzen Kübelladungen werden die Gäste der Autobusse oder Sammeltaxis bedacht. Passagiere, die wegen der Hitze hinter geöffneten Fenstern oder an offenen Türen sitzen, können einer mehr oder weniger willkommenen Abkühlung sicher sein. Wohl kreischen die erschreckten Fahrgäste, doch jeder gönnt am Songkran-Tag der übermütigen Jugend ihren Spaß. Die Studenten der Universität Chiang Mai schließen sich – auch sie von Kopf bis Fuß tropfnaß – zu Grüppchen zusammen. Sie wählen sich ihre Opfer vornehmlich unter Professoren, Kommilitonen und unter den ihnen genehmen Ausländern. Mit schelmischem Lächeln bitten reizende Studentinnen um die Gunst, der geehrten Persönlichkeit ein gutes neues Jahr wünschen zu dürfen. Niemand kann soviel Anmut widerstehen. Liebevoll ergreift das hübsche Mädchen dann den vollen Kübel und schüttet das Wasser über den Kopf des Beglückwünschten. Großzügig wird nachher auch ihm erlaubt, seine Gratulation anzubringen, und unter fröhlichem Gelächter der Umstehenden darf er einen Wasserschwall über die schon reichlich bedachte Spenderin schütten. Dank dieser versöhnlichen Geste findet mancher anfänglich brüskierte Ausländer doch noch viel Gefallen an diesem spezifisch thailändischen Neujahrsglückwunsch.
Weniger sanft gehen andere Gruppen vor. Sie montieren Wasserspritzen, die der Feuerwehr zur Ehre gereichen würden, auf Motorfahrzeuge und durchfahren in forschem Tempo die Straßen der Innenstadt. Wehe dem Neugierigen, der aus dem offenen Fenster einen Blick auf die Übermütigen werfen will! Eine Überschwemmung in seinem Haus wird ihn an den Songkran-Tag erinnern!
Die schönsten Mädchen (und es sind der Schönheiten nicht wenige in Chiang Mai) schließen sich zu Gruppen zusammen. Musikkapellen und Tänzer begleiten den bunten Zug, der unter viel Lärm durch die Straßen der Stadt zieht. Höhepunkt ist die Wahl der Schönsten zur Königin des Wasserfestes. Die feiernden Thai treffen sich an den Ufern des Mae Nam Ping, der mitten durch Chiang Mai fließt.
Indem sie ihre farbenfrohen Kleider vorsichtig hochhalten, waten die Stadtbewohner in das knöcheltiefe Wasser. Bald jedoch legen sie ihre anfängliche Scheu ab, und eine fröhliche Planscherei erheitert die Schar. Auch Bauern, die erst nach Beginn der Niederschläge ihre Felder bestellen, mischen sich unter die Menge der fröhlich Feiernden, und sogar die Hausfrauen genießen einige arbeitsfreie Tage. Das Herstellen von Brennholz, das Beschaffen von Wasser und das Reisstampfen entfallen für die drei Festtage.
Möglicherweise ist der Songkran indischen Ursprungs. Nach altem Gedankengut sind Naga, mythologische Schlangendämonen, die Wasser speien, für die Regenzeit verantwortlich, die bald nach dem Wasserfest einsetzt. Je mehr Wasser ausgespien wird, desto ergiebiger wird der Regen fallen und desto gesegneter wird auch die nächste Ernte sein. Das Wasserwerfen während der Songkran-Tage mag deshalb für die mehrheitlich in der Landwirtschaft tätige Bevölkerung als Mittel zur Heraufbeschwörung des belebenden nassen Elements gedeutet werden, ein Zeremoniell, das an den Regenzauber bei Naturvölkern erinnert. Neben dieser zweckgebundenen Erklärung des Wasserfestes spielen aber auch religiöse Vorstellungen im Zusammenhang mit der Erinnerung an die Verstorbenen mit. An Begräbnisstätten und an Orten der Urnenbeisetzung gedenken Mönche an diesen Tagen in einem feierlichen Zeremoniell der Toten. In anderen Dörfern wiederum bringen die Bewohner für die Zeit der Totenzeremonien die sorgfältig gereinigten Skelette in den Tempel.

Tod Kathin

Im Gegensatz zum Loy Krathong und zum Songkran-Fest weist das Tod Kathin einen stark religiös betonten Charakter auf. Buddhistische Laien schenken in den Tagen zwischen Mitte Oktober und Mitte November den ordinierten Mönchen neue Kathin-Gewänder. Durch diese Geste der Großzügigkeit erwerben sich die Thai im jetzigen Leben Verdienste, die ihnen bei einer Reinkarnation positiv angerechnet werden. Gleichzeitig ist die Schenkung aber auch eine Dankesbezeugung an die verehrten Mönche, die für die Aufrechterhaltung und die Verbreitung der Lehre Buddhas verantwortlich sind.

Vor 2500 Jahren erkannte Buddha als Grundübel allen Unheils die Begierde des Menschen. Er lehrte, daß der Weg zur geistigen Glückseligkeit nur über die Befreiung von weltlichem Verlangen führt. Das Streben nach materiellen Gütern beeinträchtigt jedoch die Vergeistigung. Deshalb ist es Mönchen streng verboten, Gold oder Silber zu berühren oder – mit Ausnahme der notwendigsten Dinge für den Alltag – Privatbesitz zu haben. Für die Erfüllung ihrer geringen Bedürfnisse verlassen sich die buddhistischen Mönche während des übrigen Jahres auf Gaben frommer Laien. Neben der täglichen Nahrung erhalten die Bhikku am Tod-Kathin-Festtag zwei zusätzliche Spenden. Es handelt sich einerseits um Stoffe und die wenigen Habseligkeiten, deren Besitz dem Bhikku erlaubt ist, anderseits aber um Geschenke, die der ganzen Gemeinschaft zugute kommen, wie Haushaltartikel, zum Beispiel Besen, Seife, Teetöpfe und sogar elektrische Ventilatoren. Für die Kathin-Übergabe ist ein bestimmtes Ritual vorgeschrieben. In Gegenwart von mindestens fünf Bhikku muß der Spender die Echtheit der Mönchsgewänder bezeugen. Der Vorsitzende der kleinen Mönchsgemeinschaft leitet diese Erklärung an seine Kollegen weiter und bittet sie, einen Empfänger für die Geschenke zu bestimmen. Die erste der Ankündigungen erfolgt in Thai-Sprache, die zwei weiteren in Pali. Meistens schlägt der Älteste den Vorsteher des Wat für die Entgegennahme der Spenden vor, und der Vorschlag wird dann auch mit einstimmigem «sadhu» («einverstanden») angenommen.

Mit großem Pomp und genau vorgeschriebenem Zeremoniell erfolgt die Kathin-Entgegennahme, wenn der König seine Geschenke einem Wat übergibt. Während früher der Monarch in einer vergoldeten Barke über die Kanäle (Klong) die Kosteranlage erreichte, benützt er heute sein Motorboot oder eine Limousine. Es war mir vergönnt, im November 1972 der Kathin-Feier im Wat Raja Oroso beizuwohnen. Der königliche Besuch war auf vier Uhr nachmittags angemeldet, aber schon lange vor der angesagten Zeit marschierten die Ehrengäste auf. Dekorierte Offiziere mit ihren Gemahlinnen, private Würdenträger und Angehörige der Königsfamilie hatten das Privileg, im Innern des Wat dem hohen Gast ihre Aufwartung machen zu dürfen. Am Landesteg wurde ein roter Teppich entrollt, und prächtige Blumenbouquets schmückten die Anlage. Ein Pfadfinder-Orchester unterhielt die geduldig wartende Menge mit Thai-Musik, die unterbrochen wurde von Schlagerkompositionen des Königs. Lautsprecheranlagen verbreiteten sie im ganzen Tempelbezirk. Sanitäter bemühten sich um die Besucher, denen die nachmittägliche Hitze zusetzte. Längs des Kanals, auf dem das königliche Boot herannahen sollte, verharrten Tausende königstreuer Thai in aufgeräumter Stimmung. Polizeiboote kontrollierten den Wasserweg und leiteten die Paddelboote (Sampan) in Nebenkanäle um. Die Arbeit wurde dem Ordnungspersonal leichtgemacht, denn Thailänder sind geduldige Leute, und ihr Respekt vor dem Monarchen gebietet ihnen Anstand und Würde. Obwohl der König sich an diesem Tag um mehr als zwei Stunden verspätete – er mußte mehreren Klöstern seine Aufwartung machen –, verließ niemand die Stätte, bevor der hohe Besuch sich entfernt hatte. Von Zeit zu Zeit öffneten die Uniformierten verstohlen ihre steifen Kragen und wischten sich den Schweiß vom geröteten Gesicht. Doch ein erfrischender

Trunk belebte die Ermatteten, und mit ungebrochener Freude harrte die Menge weiterhin aus.
Freudengeschrei der Klongbewohner meldete nach sechs Uhr das Nahen des königlichen Bootes. Jedermann nahm endgültig seinen ihm rangmäßig zustehenden Platz ein, und die Blasmusik spielte eine flotte Weise. Nach kurzer Begrüßung begab sich der beliebte Monarch durch das Ehrenspalier auf dem mit Teppichen ausgelegten Weg ins Kloster. Kaum hatte der König das Wat betreten, unterwarf auch er sich wie alle andern Laien demütig den Regeln eines buddhistischen Gläubigen. Er entzündete Weihrauchkerzen und kniete vor dem Altar nieder. Dann überwachte er die korrekte Übergabe seiner Geschenke an die Mönche, die ihrem Status gemäß auch während der königlichen Präsenz in sitzender Stellung verharrten. Kathin-Gaben des Herrschers werden meistens nur Wat Luang, königlichen Klöstern, überreicht. Da diese Wat im allgemeinen schon während des übrigen Jahres durch ein spezielles Budget mit reichlichen Mitteln bedacht werden, sind die königlichen Kathin-Gaben eher bescheiden. Sie bestehen aus orangefarbenem Tuch und großen Kerzen, die traditionsgemäß unter Mitwirkung des Königs gezogen worden sind. Mannigfaltiger sind die Gaben anderer buddhistischer Laien. Für nichtkönigliche Klöster stellen sie das Haupteinkommen des ganzen Jahres dar. Sie umfassen Reinigungsmittel, Lampen, Lampenöl, Geräte, Werkzeuge und Haushaltgegenstände für die Klostergemeinschaft. Eine traditionelle Regel schreibt vor, daß pro Kloster jährlich nur ein Tod Kathin gefeiert werden darf. Die Gaben eines einzelnen Spenders würden aber nicht ausreichen; deshalb schließen sich verschiedene Laien zu einer Spendergruppe zusammen. Nach der Übergabezeremonie zeigt eine Fahne an, daß dieses Wat bereits mit Gaben bedacht worden ist und eventuelle weitere Spender ihre Geschenke einem anderen buddhistischen Kloster vermachen sollen. Wenn die Gaben für das folgende Jahr zu spärlich ausgefallen sind oder wenn ein Wat in einer derart armen Umgebung liegt, daß überhaupt kein Tod Kathin stattgefunden hat, dürfen die Gläubigen die Mönche auch außerhalb der Kathin-Zeit mit Gaben beschenken.
In ländlichen Gegenden und im Norden werden Tod-Kathin-Gaben in fröhlichen Umzügen unter Musikbegleitung und Tanz den Klöstern überbracht. Oft sind die den Zug anführenden Teilnehmer karnevalartig gekleidet, und die Spender tragen Festkleider. Banknoten flattern an Bäumchen, die mit Gold- und Silberpapier verziert sind. In Klongdörfern bilden sich Bootsprozessionen zum Wat. Vor den Tempeln werden die Spenden auf Gabentischen zur Schau gestellt, und das Banknotenbäumchen wird ins Zentrum gerückt (vgl. Bild 83). Junge Mädchen zeigen ihre rhythmische Begabung im bezaubernden Fingernageltanz. Musik und fröhliches Gelächter erfüllen die sonst so ruhigen Klosterhöfe. Für die Thai ist Religion der Quell des Glücklichseins und keineswegs vom Alltagsleben getrennt. Bauern, die ihr Dorf verlassen haben, um in der Millionenstadt Bangkok ihrem Verdienst nachzugehen, kehren mit Autobussen in ihr Heimatdorf zurück, um das Tod Kathin zu Hause zu erleben. Nachdem sie ihren religiösen Pflichten nachgekommen sind, setzen sie sich auf den Boden, packen ihre Mahlzeit aus und genießen ihr Picknick unter fröhlichem Geplauder mit ihren Freunden. Keiner stört sich daran, daß die Gläubigen unter dem Standbild Buddhas ihren Tee schlürfen, eine Zigarre genießen und dabei recht weltliche Dinge besprechen. Nach der Spende und dem damit verbundenen religiösen Zeremoniell ist es dem Laien überlassen, den Tag nach seinem Gutdünken zu gestalten. Manchmal errichten Dorfbewohner kleine Bühnen auf dem Klostergelände, auf denen am Abend Ballettaufführungen, Theater und sportliche Wettkämpfe dargeboten werden. An kleinen «fliegenden» Wirtschaften werden Delikatessen verkauft, und die Menge erfreut sich bei lärmiger Unterhaltung. Die an Stille gewöhnten Mönche ersehnen die nachmitternächt-

lichen Stunden, in denen endlich die plärrenden Lautsprecher verstummen. Es würde aber keinem Bhikku einfallen, der fröhlichen Gesellschaft einen Vorwurf zu machen.
Das korrekte Tod Kathin, das Fest freudigen Gebens, besteht aus folgenden Teilen: der Prozession, der Entgegennahme der Spenden durch die Mönchsgemeinschaft und den anschließenden Pali-Gesängen der Bhikku zur Einsegnung der Gaben. Die daran anschließenden Festlichkeiten haben vornehmlich weltlichen Charakter.

Loy Krathong, das Lichterfest

Am Ende der Regenzeit, in der Vollmondnacht des zwölften Mond-Monates, feiern die Thailänder Loy Krathong. Der Name leitet sich vom Verb «loy» und dem Substantiv «krathong» ab. Loy bedeutet «schwimmen lassen», und krathong kann mit «Blätterbecher» übersetzt werden. Dieser Becher wurde ursprünglich aus Bananenblättern angefertigt; heute sind es in den Städten aber auch Papierschiffchen. Der Krathong dient dazu, die der Mutter der Wasser gewidmeten Opfergaben und Kerzen aufzunehmen. Zur Zeit des Loy-Krathong-Festes (meistens im November) führen die Flüsse Thailands Hochwasser, und vielerorts sind die tiefgelegenen Ebenen überschwemmt.
Nach Monaten heftiger Monsunregen hellt sich der Himmel wieder auf. Die drückende Schwüle läßt nach, und die Sonne leuchtet aus wolkenlosem, strahlend blauem Himmel. Die härteste Arbeit der Bauern ist vorüber. Die Felder sind gepflügt und geeggt, und der Reis ist sorgfältig aus den Saatbeeten in die überfluteten Felder verpflanzt worden. Nach einem Vierteljahr anstrengender Arbeit kann die Landbevölkerung wieder aufatmen und genießt vor der Ernte einen Monat der Ruhe, der durch Feste und Feiern wohltuend aufgelockert wird.
In der Woche vor dem Loy Krathong fertigen die Thai Blätterschiffchen verschiedenster Art an. Jeder versucht dabei, seine kunsthandwerkliche Begabung unter Beweis zu stellen. Familien, ganze Firmenbelegschaften und Schulen wetteifern im Herstellen der originellsten Lichterbecher, und die schönsten werden nach einem Umzug preisgekrönt. Städter, die in den modernen Erwerbsprozeß eingegliedert sind und keine Zeit finden für die Herstellung eigener Lichterschiffchen, können an Marktständen Krathong in Form von Fischen, Vögeln und Schiffen kaufen, die natürlich stark von den ursprünglichen Bananenblattbechern abweichen.
Normalerweise wird eine Geldmünze in den Becher gelegt. Im Zentrum des Schiffchens stehen eine Kerze und Weihrauchstäbchen, denen Bauern manchmal Betelnüsse beifügen. Wenn der leuchtende Vollmond in der dunklen Tropennacht am Horizont aufsteigt, tragen die Thai ihren Krathong ans Flußufer oder an einen Kanal. Kerzen und Weihrauchgaben werden angezündet; die Gläubigen legen ihre Handballen vor die Stirn, danken für den Regen und erflehen wohl auch Glück für ihre Zukunft. Mit viel Liebe und Sorgfalt wird das Lichterschiffchen dann auf das Wasser gesetzt. Die Strömung ergreift es und treibt es weg, während die Blicke des Spenders es begleiten. Kinder entzünden längs der Ufer Feuerwerk. Das laute Knallen gehört ebenso wie die Lichterfülle zum Zeremoniell der Feier. Die schwimmenden Gaben an die Mutter der Wasser haben freilich kein langes Leben. Einige der Bötchen verfangen sich ineinander oder stranden an Ufervorsprüngen. Ein kurzes Aufflackern – und der Lichterzauber ist vorbei. Doch Tausende von weiteren Schiffchen folgen, und für Stunden gleicht der Fluß einer Lichterstraße, an deren Ufer die Gläubigen dichtgedrängt verharren. Die Ruhe der Einheimischen ist wohltuend. Selbst in großen Massen verlieren sie keinen Augenblick ihre Würde. Auch die Kinder kommen an diesem Tag zu ihrem Recht. Niemand verargt es ihnen, wenn sie gewandt in den Strom hinausschwimmen oder mit Ruten die Lichterschiffchen zu angeln versuchen. Als Lohn winkt ihnen die Münze, die von den Spendern zwar Mae Kongkha

(s. u.) zugedacht ist, aber auch die Kinderherzen erfreut. Die Erwachsenen vergnügen sich anschließend bei einheimischer Musik und Tanz, und Thai-Whisky heizt die Stimmung gegen Mitternacht an.
Loy Krathong kann kaum aus dem buddhistischen Gedankengut heraus erklärt werden. Die Göttin Mae Kongkha, die Mutter der Wasser, wird gewürdigt; Kongkha ist wohl mit dem indischen Wort Ganga (Ganges) identisch und bedeutet im Thailändischen ganz allgemein «Wasser». Da der Mensch in seiner Unbedachtheit die Gabe der Göttin während des Jahres nicht genügend geschätzt hat, bittet er sie um Verzeihung. Neuere Deutungen versuchen das Lichterfest mit Legenden aus dem Leben Buddhas in Beziehung zu bringen. Chinesen feiern ihr eigenes Loy Krathong. Sie nennen den Krathong «Lotosblumen-Lampe». Auch in Südindien wird das Lichterfest aus Dankbarkeit mit einem Picknick an den Ufern Hochwasser führender Flüsse gefeiert.
Im Norden und Nordosten Thailands erinnert das Zeremoniell des Loy Krathong an burmesisches Brauchtum. In Chiang Mai ist das Ritual besonders eindrücklich. Inmitten der vielen kleinen, persönlichen Blätterschiffchen werden große, mit vielen Kerzen geschmückte Boote auf das Wasser gesetzt, in denen sich neben üblichen Kleingaben auch Lebensmittel und Kleider befinden. Stromabwärts steht armen Leuten das Recht zu, die im Krathong enthaltenen Gegenstände herauszuangeln. Sie erweisen damit den Spendern sogar einen Dienst, denn die Gaben symbolisieren Sünden, die den Reichen von den Bedürftigen nun abgenommen werden. Man beschenkt die Armen, macht sie aber dabei zu Sündenböcken!
Die Khmer gedenken mit dem Loy Krathong der verstorbenen Ahnen und laden sie am Lichterfest zum gemeinsamen Verweilen mit den noch Lebenden ein. Nach der gemeinsamen Feier wird der Geist der Vorfahren auf den Lichterschiffchen, die mit Nahrungsmitteln beladen sind, wieder ins Jenseits entlassen.
Für die städtische Bevölkerung Thailands mag der ursprüngliche Sinn des Loy-Krathong-Festes verlorengegangen sein. Loy Krathong ist hier meist nur noch willkommener Grund, einen angenehmen Abend auf dem Lande zu verbringen und in spielerischer Art dem Fluß Lichterschiffchen zu übergeben. Geblieben ist aber die Romantik eines mit Tausenden von Lichtern übersäten Flusses in tropischer Vollmondnacht.

Wissenswertes über Thailand

Lage und Landesnatur

Thailand liegt auf der indochinesischen Halbinsel im Herzen Südostasiens. Mit einer Fläche von 514000 km² ist es nur wenig kleiner als Frankreich. Das «Land der Freien» (so die wörtliche Übersetzung von «Thailand») erstreckt sich von 5° bis 21° nördlicher Breite und von 97° bis 106° östlicher Länge. Gebirgsketten streichen von Norden nach Süden, wobei der höchste Gipfel im Granitmassiv des Doi Inthanon eine Höhe von 2576 m erreicht. Während die nördlichen Faltengebirge und Plateaus teilweise noch stark bewaldet sind, liegen in den Abschnitten auseinanderweichender Ketten dichtbesiedelte fruchtbare Ebenen. «Reisschüssel» des Landes und wirtschaftlich bedeutendste Gegend ist die zentrale Ebene, die vom Mae Nam Chao Phraya durchflossen wird. In ihr liegt die Hauptstadt Bangkok. Auf lange Strecken bildet der Mekong die Grenze zum Nachbarstaat Laos.

Hügelige Landschaften und eine stark gegliederte Küste kennzeichnen weite Teile von Südostthailand, das an Kambodscha grenzt. Der südlichste Landesteil liegt auf der Malakka-Halbinsel, in die sich Burma, Malaysia und Thailand teilen.

Klima

Thailand liegt hauptsächlich im Klimabereich der monsunalen Tropen; diese sind durch Winde gekennzeichnet, welche jahreszeitlich die Richtung wechseln. Der im Winterhalbjahr wehende Nordostpassat bedingt Trokkenheit und Abkühlung, während die feucht-heißen Monate Mai bis September vom Südwestmonsun bestimmt werden.

Auf der Malakka-Halbinsel sind der Temperaturverlauf und die Niederschlagsverteilung ausgeglichener, so daß hier tropischer Regenwald gedeiht. Während in Nordthailand winterliche Tieftemperaturen bis gegen den Gefrierpunkt abfallen können, sinkt in Bangkok das Thermometer nur selten unter 20 °C.

Administrative Gliederung

Thailand wird in neun Großregionen (Phark) gegliedert, die in 72 Provinzen (Changwad) eingeteilt sind. Jeder Changwad wird in nächstkleinere Einheiten, die Amphoen, unterteilt. Sie setzen sich aus den Thambon zusammen, die unseren Gemeinden entsprechen. Wie diese können die Thambon aus verschiedenen Dörfern und Weilern gebildet werden.

Bevölkerung

Für 1981 wurde die Einwohnerzahl auf rund 47 Millionen Menschen geschätzt, wovon über 85% zu den Thai-Völkern (Thai im engeren Sinne, Schan, Lao) zählen und weitere rund 8% ethnisch Chinesen sind. In den vier südlichsten Provinzen leben Malaien, die mit 3% der Landesbevölkerung die zweitwichtigste Minderheit stellen. Kleiner sind die Gruppen der Mon und Khmer. Stammesgemeinschaften bewohnen die Hügel- und Bergländer im Nordwesten und Osten Thailands. Es handelt sich um Akha, Karen, Lahu, Lisu, Meo usw. Die durchschnittliche Bevölkerungsdichte von 91 Einwohnern pro Quadratkilometer scheint für asiatische Verhältnisse nicht sehr hoch; doch die Bevölkerung ist ungleich verteilt. Im Gegensatz zur übervölkerten zentralen Schwemmlandebene leben nur wenige Menschen in den Gebirgs- und Waldländern des Westens und Nordwestens, und auch weite Teile des trockenen Khorat-Plateaus sind spärlich besiedelt. Die Verstädterung ist noch wenig fortgeschritten; 80% aller Thailänder leben in Dörfern. Jeder zehnte wohnt in der Agglomeration Bangkok; diese weist fünfzigmal mehr Einwohner auf als die nächstgrößere Stadt (Chiang Mai, 92000 Einwohner).

Religion

Die thailändische Verfassung gewährt Glaubensfreiheit. Staatsreligion ist der Theravada-Buddhismus, dem rund 94% aller Landesbewohner anhängen. Synonym für Theravada-Buddhismus («Buddhismus der Älteren») ist der Begriff des Hinayana («Lehre des Kleinen Fahrzeugs»). Den Glauben der Thai allein aus der klassischen Lehre des Hinayana zu erklären ginge an der Tatsache vorbei, daß die toleranten Thai auch ursprünglich eigenes Gedankengut in den Buddhismus einfließen ließen. Thailänder malaiischer Abstammung bekennen sich zum Islam sunnitischer Richtung, während abgelegen lebende Hügel- und Bergstämme oft ihre Stammesreligionen bewahrt haben. Die Minorität der Christen umfaßt weniger als 0,5% der Landesbewohner, wobei die Zahl der Katholiken größer ist als die der Protestanten.

Sprache

Die Thai-Sprache gehört zur Gruppe sinotibetischer Sprachen und weist Gemeinsamkeiten mit dem Chinesischen auf, so die Dominanz einsilbiger Wörter und die tonale Stufung. Zahlreiche Fremdwörter sind der Mon- und Khmer-Sprache, andere den klassischen, indoarischen Sprachen Sanskrit und Pali entliehen.
Die feinen Unterschiede im thailändischen Alphabet, das 44 Konsonanten und 32 Vokale sowie die fünf Tonstufen normal–hoch–tief–ansteigend–absinkend kennt, erschweren Europäern das Erlernen des Thai, wenn auch die gesprochene Alltagssprache relativ einfachen grammatikalischen Regeln folgt. Das Alphabet ist aus einer im 13. Jahrhundert erfolgten Anpassung an die Khmer-Kursivschrift hervorgegangen, die ihrerseits auf ein südindisches Alphabet zurückgeht. Von der Alltagssprache unterscheidet sich die schriftliche Sprache durch ihre streng formale Strukturierung. Noch komplizierter ist die Hofsprache, in der sich Thai an den Hochadel wenden.

Wirtschaft

Als wichtigster Wirtschaftssektor beschäftigen Land- und Forstwirtschaft sowie Fischerei rund 70% der aktiven Erwerbsbevölkerung. Wohl ist der Beschäftigungseffekt im primären Erwerbssektor hoch, doch weist er eine unterdurchschnittliche Produktivität auf: Sein Beitrag zum Bruttoinlandprodukt betrug 1979 lediglich 26%. Reis wird zur Hälfte als Naßreis in der Schwemmlandebene des Mae Nam Chao Phraya angebaut. Er ist das wichtigste Exportgut Thailands, und binnenwirtschaftlich orientiert sich die allgemeine Preisentwicklung teilweise am Reispreis. Bedeutsam wurde in letzter Zeit der Mais – weniger als Basisnahrungsmittel denn als Ausfuhrprodukt. Hohe Erlöse erzielen auch Tapioka und Rohrzucker. Thailands aus *Hevea* gewonnener Kautschuk stammt nicht von Plantagen, sondern vor allem aus bäuerlichen Kleinbetrieben.
Die Bedeutung des verarbeitenden Gewerbes und des Dienstleistungssektors ist im Wachstum begriffen, wobei sich deren Aktivitäten in erster Linie auf die Metropole Bangkok konzentrieren. Eine wichtige Rolle spielt der Tourismus, der 1980 nach der Reisausfuhr zweitwichtigster Devisenbringer war.
Thailändische Planungsbehörden legen großen Wert auf die Verbesserung der Infrastruktur in ländlichen Gebieten und die Modernisierung der Landwirtschaft. Damit soll das krasse sozioökonomische Ungleichgewicht zwischen der Agglomeration Bangkok und den Randgebieten des Landes abgebaut werden. Die damit verbundene gerechtere Einkommensverteilung soll zur innenpolitischen Stabilisierung beitragen.

Thailands Beziehungen zu Europa

Nicht nur durch Beutezüge, sondern auch durch internationalen Handel versuchte Siam (wie Thailand früher hieß) zu Wohlstand zu gelangen. An der Küste und entlang des Mae Nam Chao Phraya entstanden Faktoreien, und seit dem 16. Jahrhundert hatten sich neben Chinesen, Japanern, Malaien auch Portugiesen, Holländer, Engländer und Franzosen in der damaligen Hauptstadt Ayutthaya niedergelassen. Die Gesandten, Kaufleute, Missionare und Söldner erfreuten sich vorerst uneinge-

schränkter Gastfreundschaft des Königs. Doch in der zweiten Hälfte des 17. Jahrhunderts bewogen Machtkämpfe rivalisierender Handelsgesellschaften und deren Einmischung in die siamesische Innenpolitik nationalistisch gesinnte Thai-Adelige, den Kontakt mit dem Ausland (Ausnahme: China) abrupt abzubrechen. Für eineinhalb Jahrhunderte blieben so die Thai vom Westen isoliert.
Im Auftrag der englischen Regierung schloß der englische Linguist und Politiker John Bowring 1855 mit König Rama IV. einen Handelsvertrag, der Thailand die erneute Öffnung zum Westen ermöglichte. König Rama V. ließ durch königliches Edikt 1905 die Sklaverei aufheben, Schulen errichten, Straßen und Eisenbahnlinien anlegen. Als Pufferstaat zwischen englischen Gebieten und französischen Kolonien wurde Siam von beiden europäischen Mächten respektiert.
Ein Staatsstreich junger Offiziere brach 1932 die absolute Macht des Herrschers und ermöglichte die Schaffung einer Monarchie auf parlamentarisch-demokratischer Grundlage. Das heutige Zweikammerparlament umfaßt den Senat (mit ernannten Mitgliedern) und eine Abgeordnetenkammer. Monarch ist Rama IX., der seine Studienjahre in der französischen Schweiz verbrachte.

Floße der Einheimischen zum Heben von zinnhaltigem Schlamm in der Bucht von Kammara (Phuket)

Glossar

Abteufen: Einen Schacht senkrecht in die Erde graben
Ästuar: Unter dem Einfluß der Gezeitenströme trichterförmig erweiterte Flußmündung an Küsten mit starken Gezeiten
Alluvialboden: Schwemmlandboden, aus umgelagertem Bodenmaterial entstanden
Antikoagulationsmittel: Stoffe, welche die Gerinnung hemmen
Aräometer: Senkwaage zum Messen der Dichte oder des spezifischen Gewichtes von Flüssigkeiten
Corioliskraft: Trägheitskraft, die bei der Bewegung auf rotierenden Körpern auftritt. Im speziellen Fall der rotierenden Erde bewirkt die Horizontalkomponente der Corioliskraft eine Rechtsablenkung auf der Nordhalbkugel und eine Linksablenkung auf der Südhemisphäre
Epiphyten: Pflanzen, die auf anderen Pflanzen wachsen, diesen jedoch keine Nährstoffe entziehen, sondern sich selbständig ernähren. Sie sind vor allem im tropischen Regenwald häufig
Epirogenetische Hebung: Langsame, sich über lange Zeiträume erstreckende Hebungen und Senkungen größerer Erdkrustenteile ohne Veränderung der Krustenstruktur
Ertrunkene Flußtäler: Bei Landsenkungen oder Meeresspiegelanstieg dringt das Meer in die Unterläufe von Kerbtälern ein und setzt diese unter Wasser
Hevea brasiliensis: Wichtigster Kautschuklieferant, zur Familie der Wolfsmilchgewächse gehörend. Heimat: Amazonasbecken; heute vor allem in Südostasien angebaut
International RSS 1 (2, 3, 4, 5): Qualitätsbegriff für Kautschuk. Die Abkürzung RSS steht dabei für Rubber Smoked Sheets (wörtlich übersetzt: «geräucherte Gummilappen»). Mit der Ziffer 1 bezeichnet man die erste Qualität, mit den folgenden die nächstschlechteren
Karst: Formen, die durch chemische Lösungserscheinungen im Kalkstein entstehen
Kauliflorie: Stammblütigkeit und -früchtigkeit; das Erscheinen der Blüten bzw. Früchte an den Stämmen und Ästen vieler Baumarten tropischer Wälder
Korrosion (korrodieren; korrosionsresistent): Die von der Oberfläche ausgehende, allmähliche Zerstörung metallischer und nichtmetallischer Werkstoffe durch chemische Einwirkungen von außen. Durch die Erzeugung von Schutzschichten ober Überzügen kann der Werkstoff korrosionsresistent gemacht, das heißt vor der Korrosion geschützt werden
Laterit (von lat. later = Ziegel): Die ziegelrote, im frischen Zustand leicht abzustechende, an der Luft aber dann schnell verhärtende tropische Verwitterungserde. Dank diesen Eigenschaften konnten leicht Bausteine aus ihr gewonnen werden, aus denen viele historische Bauten bestehen
Lunarer Monat: Zeit zwischen zwei Neumonden. Zwölf solcher Monate bilden das lunare Jahr (Mondjahr), das 354 Tage umfaßt
Magmenintrusion: Eindringen des Magmas zwischen andere Gesteine in Form von Stöcken und Gängen
Masseln: Die in offene Sandformen oder eiserne Kokillen gegossenen Metallbarren
Naga: Mythologische Schlangendämonen, die in weiten Teilen Vorder- und Hinterindiens kultisch verehrt werden
Perennierende Pflanzen: Mehrjährige Pflanzen
Pidgin-English: Abgeleitet von «business English»; war ursprünglich die Verkehrssprache zwischen Chinesen und Europäern. Der Wortschatz ist hauptsächlich englisch, der Satzbau aber chinesisch bestimmt
Primäre und sekundäre Lagerstätten: Lagerstätten sind natürliche Anhäufungen nutzbarer Minerale, Gesteine usw., die nach Größe und Inhalt für eine wirtschaftliche Gewinnung in Frage kommen. Primäre Lagerstätten werden am Ort ihrer Entstehung abgebaut, während Bodenschätze an sekundären Lagerstätten durch Abtragungsvorgänge verlagert wurden
Prospektion: Die Suche nach unbekannten und die Untersuchung bekannter Lagerstätten
Retentionsvermögen: Das Vermögen, Wasser im Boden zurückzuhalten und dessen Abfluß zu verlangsamen
Rubin und Saphir: Edle Abarten des Korund (Al_2O_3). Auf Grund ihrer hohen Härte und der prachtvollen Färbung gehören sie zu den wertvollsten Edelsteinen. Während man als Rubin ausschließlich rote Korundarten zu bezeichnen pflegt, ist es üblich, blaue, aber auch violette, grünliche, gelbliche, ja sogar farblose Varietäten Saphire zu nennen. Bei Vorhandensein einer gewissen Orientierung können Einschlüsse zu besonderen Reflexionserscheinungen Anlaß geben, die als «Stern» bezeichnet werden. Solche Edelsteine heißen «Sternrubin» oder «Sternsaphir»
Schelf: Der von Flachmeer bedeckte Festlandsockel, von dem der Meeresboden mit wesentlich steilerem Hang (Kontinentalabfall) zur Tiefsee abfällt
Taubes Gestein: Bergmännischer Ausdruck für ein Gestein, das keine nutzbaren Bestandteile enthält
Zyklonen: Wandernde Tiefdruckgebiete
Zyklonalregen: Niederschläge, die an wandernde Tiefdruckgebiete gebunden sind

Literatur

Bayer I.: Un bilan de la drogue dans le monde: In: Unesco Kurier, Paris, 5/1973.
Berney H. M./Blume H.: Antillen. Bern, 1972.
Blanchard W.: Thailand. New Haven, 1966.
Boon Sriavadi Chuey: The Hill Tribes of Siam. Bangkok, 1966.
Brockhaus-Taschenbuch der Geologie. Leipzig, 1959.
Brockhaus-Taschenbuch der physischen Geographie. Leipzig, 1956.
Chu V.: Thailand Today. New York, 1968.
Clarac A./Smithies M.: Discovering Thailand. Bangkok, 1972.
Dittmar J.: Thailand. Nagels Enzyklopädie-Reiseführer, Genf. 1973.
Dobby E. H. G.: Southeast Asia. London, 1976.
Donner W.: Zur Wirtschaftsgeographie Thailand. In: Zeitschrift für Wirtschaftsgeographie, Hagen, Nr. 7, 1973.
Esdorn I./Pirson H.: Die Nutzpflanzen der Tropen und Subtropen in der Weltwirtschaft. Stuttgart, 1973.
Fistié P.: La Thaïlande. Paris, 1971.
Fuhs F. W.: Labour Utilization and Farm Income in Rural Thailand. Wiesbaden, 1979.
Gancz F.: Reiseführer Thailand; Polyglott Nr. 785. München, 1972.
Gasser M.: Klassische Kunst in Thailand. In: du, Zürich, 10/1973.
von Glasenapp H.: Buddhismus und Christentum. In: Universitas IV/1, Stuttgart, 1949.
Hohnholz J.: Thailand. Tübingen, 1980.
Hudson R.: Hudson's Guide to Chiang Mai and the North. Chiang Mai, 1971.
Hürlimann M.: Bangkok. Zürich, 1962.
Imber W./Uhlig H.: Indonesien. Bern, 1973.
Karnow S.: L'Asie du Sud-Est. Time-Life, 1969.
Karuna Kusalasaya: Buddhism in Thailand. Kandy, 1965.
Khantipalo: The Blessings of Pindapata. Kandy, 1964.
– With Robes and Bowl. Kandy, 1965.
– Practical Advice for Meditators. Kandy, 1968.
– The Buddhist Monk's Discipline. Kandy, 1969.
Kunststadter P.: Southeast Asian Tribes, Minorities, and Nations. Princeton, 1967.
Leemann A.: Der Zinnabbau in Malaysia. In: Zeitschrift für Wirtschaftsgeographie, Hagen, Nr. 4/1971.
Luang Boribal Buribhand/Griswold A. B.: Thai Images of the Buddha. Bangkok, 1962.
Manich Jumsai: Popular History of Thailand. Bangkok, 1972.
na Ayuthaya A. S./Fuhs F. W./Soonthornpasuch S.: Village Chiang Mai. Bangkok, 1979.
Murawski H.: Geologisches Wörterbuch. Stuttgart, 1972.
Neher C.: Rural Thai Government: The Politics of the Budgetary Process. DeKalb, 1972.
Nölle W.: Völkerkundliches Lexikon. München, 1959.
Parker R.: Mineralienkunde. Thun, 1967.
Phya Anuman Rajadhon: Introducing Cultural Thailand in Outline. Bangkok, 1962.
– The Nature and Development of the Thai Language. Bangkok, 1963.
Phoon Phon Asanachinta: Thailand. In: Encyclopaedia Britannica, 1972.
Pipop Tangkanasingha: Introducing Thai Buddhism. Bangkok, 1964.
Proceedings of the First Symposium of the Tribal Research Centre: Tribesmen and Peasants. Chiang Mai, 1967.
Richter D.: Südostasien. In: Geographische Zeitfragen, Nr. 17, Frankfurt am Main, 1970.
Schloßmacher K.: Edelsteine und Perlen, Stuttgart, 1969.
Schmidt K.: Thailand; Mai's Weltführer Nr. 1, Buchenhain, 1971.
Silpa Bhirasri: An Appreciation of Sukhothai Art. Bangkok, 1968.
– Thai Buddhist Art. Bangkok, 1970.
Sumet Jumsai na Ayutya: Ayutya, die ehemalige Hauptstadt Siams. In: Unesco Kurier, Paris, 10/1966.
Suraphong Kanchananaga: Resources and Products of Thailand. Bangkok, 1973.
Westermanns Lexikon der Geographie: Thailand. Braunschweig, 1970.
Wettstein A.: Südostasien I. Olten, 1972.
Wood W. A. R.: History of Siam. Bangkok, 1959.

Schriften von Regierungsstellen und Klöstern

Department of Technical and Economic Cooperation: Thailand Facts and Figures. Bangkok, 1970.
Ministry of National Development: Handbook. Bangkok, 1970.
– Thailand Development Report, Yearbook 1970. Bangkok, 1970.
Office of National Economic Development Board: Economic Progress of Thailand. Selected Indicators. Bangkok, 1972.
Office of the Prime Minister: Thailand into the 80's. Bangkok, 1979.
Public Relations Department: Aspects and Facets of Thailand. Bangkok, 1959.
– Vistas of Thailand. Bangkok, 1963.
– Thai Games and Festivals. Bangkok, 1968.
– Presenting Thailand. Bangkok, 1968.
– Thailand Panorama. Bangkok, 1972.
Rubber Research Centre: Thailand Rubber Statistics. Hat Yai, 1972.
– Introduction to the Rubber Research Centre. Hat Yai, 1972.
Tourist Organization of Thailand (TOT): Statistics on Tourism in Thailand 1957–1970. Bangkok, 1971.
– Statistical Report of Visitors to Thailand. Bangkok, 1972.
– Bulletins. Bangkok, 1970–1976.
– Holiday Time in Thailand. Bangkok, 1971–1981.
Tourist Promotion Board: Bulletins. Singapur, 1973.
Wat Bovoranives: Wat Bovoranives Vihara. Bangkok, 1972.

Wat Mahathat in Sukhothai

Zeitungen und Zeitschriften

Bank of Thailand: Monthly Bulletin. Bangkok, 1975–1981.
Business in Thailand. Bangkok, 1972–1981.
Business Review. Bangkok, 1973–1981.
Financial Post. Bangkok, 1972–1981.
Look East. Bangkok, 1972–1976.
Nation Business. Bangkok, 1972–1981.
Neue Zürcher Zeitung. Zürich, 1972–1981.
Schweizerische Bankgesellschaft: Länderbericht Thailand. Zürich, 1981.
Siam Travel News. Bangkok, 1975–1976.
Thailändische Reisegespräche (Thailand Travel Talk). Frankfurt, 1976–1981.
The Bangkok Post. Bangkok, 1972–1981.
The Investor. Bangkok, 1972–1981.
The Nation. Bangkok, 1972–1981.

Register

Ziffern ohne nähere Bestimmung durch Buchstaben bedeuten Seitenzahlen im Text inklusive Legenden der Schwarzweiß-Illustrationen; B bedeutet Nummer der Farbbilder.

1:20000000
0 100 200 300 400 500 750 1000 km
60°
80°
20°
0°
Equator
INDIAN OCEAN
Arabian Sea
Bay of Bengal
Gulf of Oman
G. of Mannar
S. S. R.
IRAN
AFGHANISTAN
PAKISTAN
INDIA
BANGLA-DESH
OMAN
QATAR
Ad Dawhah
IMĀRĀT AL-ARABĪYAH AL MUTTAHIDA
(U. ARAB. EMIRATES)
SRI LANKA (CEYLON)
MALDIVES
SEYCHELLES
DRUGYUL (BHUTAN)
Tibet
Kun Lun
Altun Shan
Taklimakan Sham
Pamir
Hindu Kush
Karakoram
Himalaya
Jammu and Kashmir
Thar
Deccan
Eastern Ghats
Western Ghats
Dasht-e-Kavīr
Dasht-e-Lut
Kopet Dag
Baluchistan
Makran
Rub' al Khālī
Kizyl-Arvat
Cardžou
Karši
Dušanbe
Kongur Shan
7719
Shache
Qiemo
Aščhabad
Mary
Karakumskij Kanal
Termez
Kurgan-Tjube
Faizābād
Khorog
Yecheng
Hotan
1410
Yutian
Minfeng
7723
Muztag
Gorgān
Shāhrūd
5604
Damāvand
Semnān
Tehrān
Mashhad
Balkh
Mazār-i-Sharif
Tirich Mir
7690
Baghlān
Maimana
Kuska
Chitrāl
Gilgit
K2
8611
Herāt
Chakcharān
5143
Kābul
1800
Jalālābād
Mardān
Islāmābād
Srīnagar
Leh
Rudog
7315
Alung Kangri
Kāshān
Bejestān
Birjand
Ghazni
4149
3788
Peshāwar
Rawalpindi
Jammu
Siālkot
Gujrānwāla
7026
6300
Esfahān
Yazd
Bāfq
4075
3966
Farāh
Juwain
Girishk
Kandahār
Nehbandān
Zābol
Helmand
Dera Ismāīl Khān
Sargodha
217
Lyallpur
Lahore
Amritsar
Jullundur
Ludhiāna
Gartok
Garyarsa
Nag
Kermān
Shīrāz
Kūh-e Hazārān
4420
Neiriz
Bam
Zāhedān
Quetta
Dera Ghāzi Khān
Multān
Bhatinda
Ambāla
Saharanpur
Dehra Dūn
Nanda Devi
7816
Zhongba
7088
Lhasa
3600
Xigazê
Gyangzê
Būshehr
4042
Kalat
Bahawalpur
Meerut
Morādābād
Rāmpur
Bareilly
Dhaulagiri
8172
Saragmatha (Mt. Everest)
8848
Kātmāndu
Thimbu
Gangtok
Lār
Bandar 'Abbās
Bandar-e Lengeh
Kuhak
Shikārpur
Sukkur
Bīkāner
Delhi
New Delhi
Ganga
Mathura
Aligarh
Shāhjahānpur
7132
Jāsk
Bela
Jaipur
416
Agra
Lucknow
138
Faizābād
Gorakhpur
Darbhanga
Dubai
Abu Dhabi
Gwādar
Ormāra
Karachi
Hyderābād
Jodhpur
Ajmer
Gwalior
Jhānsi
Kānpur
Allahābād
Vārānasi (Benares)
Patna
Gauhāti
Suhār
Masqat
3018
Nazwá
Sūr
Kotā
Udaipur
Ahmadābād
Mirzāpur
Gaya
Bhāgalpur
Asansol
Rānchi
Barrackpore
Dacca
Khulna
Sāgar
Kandla
Jāmnagar
Rājkot
Ujjain
Bhopāl
Jabalpur
Jamshedpur
Howrah
Calcutta
Fuhūd
Porbandar
Indore
546
Bilāspur
Rourkela
Kharagpur
Sambalpur
Balasore
Bhāvnagar
Vadodara
Amarāvati
Nāgpur
Raipur
Cuttack
Verāval
Diu
Surat
Nāsik
Bhusāwal
Chānda
Masīrah
Damān
Aurangābād
Puri
Bombay
Pune
Warangal
Godavari
Berhampur
Kya
Sholāpur
Hyderābād
Rajahmundry
Vishākhapatnam
1678
Salālah
Kolhāpur
Vijayavāda
Kakinada
Guntūr
Machilipatnam
Sayhūt
Hubli
Panaji
Kurnool
Bellary
Nellore
Suqutrá (D.P.R. of Yemen)
Mangalore
Bangalore
Kōlā Gold Fields
Madras
Mysore
Vellore
Pondicherry
Asāyr (C. Guardafui)
Mercāra
Laccadive Is. (Ind.)
Kozhikode
Coimbatore
Salem
Thanjāvūr
Nāgapattinam
Hāfūn
Cochin
Tiruchirāppalli
Alleppey
2695
Madurai
Jaffna
Nine Degree Channel
Trincomalee
Ten Degree Channel
Trivandrum
Tuticorin
Kanyākumārī Antarip (C. Comorin)
Eight Degree Channel
Kandy
Colombo
Moratuwa
2243
Galle
Dewundara Tuduwa (Dondra Head)
Ari Atoll
Male
One and Half Degree Chan.
Suvadiva Atoll
Victoria
Mahe I.
Amirante Is. (Seych.)
Chagos Archipelago (U.K.)
Diego Garcia